舒新城讲教育通论

舒新城 著

河海大学出版社
HOHAI UNIVERSITY PRESS
·南京·

图书在版编目（CIP）数据

舒新城讲教育通论 / 舒新城著 . -- 南京 : 河海大学出版社, 2021.3
ISBN 978-7-5630-6630-8

Ⅰ. ①舒… Ⅱ. ①舒… Ⅲ. ①教育理论 Ⅳ. ①G40

中国版本图书馆 CIP 数据核字（2020）第 255069 号

书　　名 / 舒新城讲教育通论
SHU XINCHENG JIANG JIAOYU TONGLUN
书　　号 / ISBN 978-7-5630-6630-8
责任编辑 / 毛积孝
特约编辑 / 何　薇　　叶青竹
特约校对 / 李　萍
出版发行 / 河海大学出版社
地　　址 / 南京市西康路 1 号（邮编：210098）
电　　话 / （025）83737852（总编室）
（025）83722833（营销部）
经　　销 / 全国新华书店
印　　刷 / 三河市兴国印务有限公司
开　　本 / 880mm×1230mm　1/32
印　　张 / 5.875
字　　数 / 125 千字
版　　次 / 2021 年 3 月第 1 版
印　　次 / 2021 年 3 月第 1 次印刷
定　　价 / 69.80 元

《大师讲堂》系列丛书
▶ 总序

/ 吴伯雄

梁启超说："学术思想之在一国，犹人之有精神也。"的确，学术的盛衰，关乎一个民族的精神气象与文化氛围。民国是一个动荡不安的时代，内忧外患，较之晚清，更为剧烈，中华民族几乎已经濒临亡国灭种的边缘。而就是在这样日月无光的民国时代，却涌现出了一批批大师，他们不但具有坚实的旧学基础，也具备超前的新学眼光。加之前代学术的遗产，西方思想的启发，古义今情，交相辉映，西学中学，融合创新。因此，民国是一个大师辈出的时代，梁启超、康有为、严复、王国维、鲁迅、胡适、冯友兰、余嘉锡、陈垣、钱穆、刘师培、马一孚、熊十力、顾颉刚、赵元任、汤用彤、刘文典、罗根泽……单是这一串串的人名，就足以使后来的学人心折骨惊，高山仰止。而他们在史学、哲学、文学、考古学、民俗学、教育学等各个领域所取得的成就，更是创造出了一个异彩纷呈的学术局面。

岁月如轮，大师已矣，我们已无法起大师于九原之下，领教大师们的学术文章。但是，"世无其人，归而求之吾书"（程子语）。

大师虽已远去，他们留下的皇皇巨著，却可以供后人时时研读。时时从中悬想其风采，吸取其力量，不断自勉，不断奋进。诚如古人所说："圣贤备黄卷中，舍此安求？"有鉴于此，我们从卷帙浩繁的民国大师著作当中，精心编选出版了这一套"大师讲堂系列丛书"，分辑印行，以飨读者。原书初版多为繁体字竖排，重新排版字体转换过程当中，难免会有鲁鱼亥豕之讹，还望读者不吝赐正。

吴伯雄，福建莆田人，1981 年出生。2003 年考入福建师范大学古代文学研究系，师从陈节教授。2006 年获硕士学位。同年 9 月考入复旦大学中文系古代文学专业，师从王水照先生。2009 年 7 月获博士学位。同年 9 月进入福建师范大学文学院古代文学教研室工作。推崇"博学而无所成名"。出版《论语择善》（九州出版社），《四库全书总目选》（凤凰出版社）。

目录

第一章 何谓教育

I. 教育底意义

一 语源

教育两字是我们最容易听得最容易看见的：报纸上的论文与消息固常常有此，就是日常语言中也不时说及。教育两字既这样通行，它底意义似乎很容易明白了，但是你听得某人说教育而问他教育底意义怎样，却未见得能得着满意的答复。所以真要了解教育是什么，不可不加以适当的研究。

因为教育的科学是从西洋来的，所以讲教育的人大概都先从西洋的字义讲起。但孟子说“得天下英才而教育之三乐也”的话，已有数千年了，而且差不多是中国人大家知道的，我们又何必不先述本国的事而贻数典忘祖之诮呢？

《说文》说：“教，上所施，下所效也；育，养子使作善也。”育在使人作善，施又施些什么？《学记》说：“教者长善而救其失者也。”《中庸》说：“修道之谓教。”而所以行其道者为智仁勇之三德。由此，我们知道中国旧日之所谓教育，其目的都在使人为善，其内容不仅限于知识。行为（仁）与体育也一样看重。这是教育底目的观。再看方法又如何？《虞书》说：“敬敷五教在宽。”荀子说：“以善先人谓之教。”《易经蒙卦》说：“君子以果德育行。”所谓敷教在宽，以善先人，果德育行等等都是以德化人；用现在教育上的名词来讲，中国旧日的教育特别注重人格感化，而不重视机械的规制。这也可以说是中国固有教育的特点。

西洋的字义又如何？教育两字英文为Education，法文为Éducation，都出于拉丁文的Eduāre，而Educāre，又从动词Educĕre来的。E在拉丁文的意义为出（out），ducĕre为引（lead），合起来为引出。这就是说：教育是要用引导的方法把身心底力量扩张（Strengthening of the powers of body or mind）。其目的如何？亚里士多德（Aristole）各种学艺都以善为目的（Every art is thought to aim at some good）的名言，已足以解答我们底问题了。

以上是教育两字字义的诂释与语源。

二 概念

语源虽然足以表示古人对于某事的意见，但时异境迁，它决不足以尽括此事底内涵。所以我们于明教育底语源而外，更须明它现在的概念。

教育学者因为各人底见解不同，对于教育所下的定义也很不一样。若我们要一一列举，事实上自不可能；就是择若干重要的意见来说，也有侵占教育史地位的嫌疑而不必。现在只就很平常的事象说：

近来我国教育界有一句很流行的话，即“教育即生活”。这话是杜威（John Dewey）到中国讲演以后（1919）才盛行的。杜威这话底含义，胡适曾经根据他底意见替它定下一个界说：“教育即是继续不断的重新组织经验，要使经验底意义格外增加，要使个人主宰后来经验的能力格外增加。”这话要详细说明，自然不是很容易的事；但由此我们可以得着一个重要的概念，即教育是变动的、生长的，其变动与生长正如人类底生活一样。所以他这句话缩写起来，便成为“教育即生活”。

宇宙间一切问题都是由“生”而来，教育为人类底重要事情，自然不能与生活脱离关系。我们此时当问者不是教育是不是生活，而是生活底内容怎样。生底本质是人类同具的，而生的方法却因人而异：乐观者以为寻求快乐是人生唯一的目的；清净教徒以禁欲为唯一的要图；重视群性者以社会活动为至尊；重视个性者以个人发展为前提；我们究竟何去何从？

近来常有人说：人类是社会的动物，这话自然很合事理：因为在现在的社会，无论何人，都不能离群索居，一切生活都有赖于社会底供给。我们且不问好群的活动是本能的抑是习惯的，而在这复杂的社会不能不为这社会的活动却是事实，群性之重要于此可知。然而社会究竟还是一个集合的抽象名词，虽然我们所谓社会是确有所指，但把构成社会分子的个人解散，社会便荡然无存。所以我以为不涉哲学底范围，将“个人”之构成的元素作最后的解析，而以“人”为单位，则个人实是实体。我们要生活充实，应当于充实个人生活的同时谋社会之发展。

人生是变动的、前进的，生活也自然是积极的、进步的：不独物质生活如关于衣食住的事情是日新月异地进步，精神生活如进德修业等等更是如此。孟子说：“人之所以异于禽兽者几希。”这几希之差或者就在于人能自强不息地求进步，而禽兽不能的一点上。我们也可以说：人类底特质是有创造的生活。

创造的本能自然是我们底天禀，但创造的技能却有待于训练，所以前人底经验与实际的活动都很重要—— 因为不以前人底经验为鉴导则易蹈覆辙，不从事实际活动则易蹈空疎—— 而创造的历程又是递嬗的而非绝尘的，所以现实的事情与理想的期望都当注意——

因为离现实则创造无凭依，无理想则创造无归宿。

以上都是教育所当注意的。由此我们得着一个结论说：

教育是改进人生的活动，其目的在为社会创造自立的个人，为个人创造互助的社会；其方法在利用环境（自然环境及社会环境）底刺激，使受教育者自动地解决问题、创造生活。

Ⅱ.教育底起源

三 原始的教育

教育是否为改进人生的活动，我们可以从教育的起源上去求例证。人类本是动物之 种，其他动物底生活虽然也与人类生活的性质相似，但他们因为幼稚期很短，甚至于无幼稚期，其先天的禀赋常足以支持生活，所以需要教育甚少（如鸟类）乃至于完全不需要（如昆虫类）。人类则因进化特高之故，幼稚期特长，先天的禀赋既不足以维持生活，后天的生活习惯，又须长者导率始能养成，于是教育因之而起。因为人当初生时，不能自由活动，一切生活上的供给均有赖于父母。后来能行走自如，而因人类不能如禽兽之穴居野处，与社会之组织复杂，亦不能独立自存。长者本存种的固有要求，希望幼者能继续生活，且能继续其生活的事业；幼者本自存的要求，亦望继续生长，且发扬光大其未来的生活。于是长者为满足其希望，常于有形无形之中将自己底生活方法传给幼者，幼者也就很自然参与长者底生活活动而习得自存的方法。这种直接参与无形影响的活动，就是教育的施受；而这些活动的目的都在使生活进步。所以我们说：教育是改进人生的活动。

当初民时代，个人生活简单，社会组织更与现今相去甚远。那时个人虽然也曾生存于团体之中，有赖于团体之扶助而生活，但团体之范围只是家族邻里而已，负教育之责者大半为父母，次为家长乡长；教育之内容只是与日常生活直接有关系的事项；教育的方法只是长者底直接示范，幼者底参与活动。在文字未发明以前，一切生活方法，均恃长者传述；这些传述，在现在看来，自然有许多是极不合理的，但在当时的生活上却都有其相当的价值：因为所传述者都是前人底生活经验，在当时生活上曾发生重大的意义。

四　现代的教育

教育本然在于改进人生，而人类是富于创造性的，初民时代的简单生活自然不足以满其欲望，于是生活的内容逐渐因创造而丰富，社会的组织也逐渐复杂。个人因为生活丰富与社会组织复杂之故，便不能不分工治事，于是对于子女的教育责任，不能完全担负，势不能不请人代劳，这是教仆或私塾的由来。近代交通日便，社会的组织固然日益复杂，而科学发达，更证明儿童有其固有的特质，不是成人底缩型：为适应社会生活计，对于儿童固当施以特殊的训练，为适应儿童生活计，更不可不对于儿童加以专门的研究。于是教育成为一种专业：既不是旧日直接参与活动的方法能奏效，更非人人所能胜任；不独要有专门的人担任教育，并要有专门的地方实施教育。这是近代学校教育之由来。

学校成了固定的教育场所，教师成了专门负责教育的人以后，为父母者对于儿女底教育以送入学校为尽责，教师也以代父母为其子女实施教育为其特有的职责。所以教育自成专业以来，与实际的生活愈离愈远。教师的初意，未尝不说是改进生活，但因学校自成一种区域，与真正的社会不相联属，教师更以为自己是社会指导者而不实际参与社会活动，结果遂至学校教育不独与社会生活隔离，甚至于背道而驰。这种情形，现在的中国自然很盛，在外国亦未尝不如此：试读斯宾塞尔（Spencer）底《教育论》，便可知道教育先进的英国是怎样了。所以本为人生而起与改进人生为目的的教育，到现在反得竭力提倡与生活接近。

Ⅲ．教育底需要

五　个人的需要

现在学校的教育虽然有许多不与实际生活相应，但教育的需要并不因而消灭，而且在现在复杂的社会，其需要更大。此需要大概可以分作三方面：一、个人幸福，二、国家安宁，三、世界和平。

人类因为幼稚期长故需要教育，而因为生死问题，更不可不要教育：倘若长者底经验即随其生命以俱去，则幼者从新学习，实不经济之至，而且在此种复杂的社会中也学习不了。这是就普遍的人生讲，不可不有教育。其次就现在的社会生活讲，也极需要教育；从前鸡犬相闻、老死不相往来的社会，个人底生活习惯不易为他人所影响，生活的方法也很简单；只要“日出而作，日入而息”便可安然过去—— 但亦非有相当的教育不能达此。自科学发达，欧洲工业大革命以后，万里相距，数日可达，人与人之交往日易，彼此所受之影响也日大，社会上的分工日细，需要应付的知识也日多。即使不事生产可以过活，怎样消费，怎样控制自然亦是一大可研究之问题。而况不劳而食，决非人生应有之事。如何劳而后得食，更非有适当的知识、特殊的技能不可。而劳力之效率，又常以知识之高下、治事之能力为进退，更非教育不为功。所以在现在的社会为个人生活与幸福计，教育是必要。

六 国家的需要

教育对于个人自然是很重要，但个人即有自存的能力，亦不能自活于团体之外，必得生活于团体之中。与个人关系最密切的团体为国家；为谋个人安宁与世界和平均不可不谋国家安宁，即不得不要教育。所谓国家的安宁是对外能独立，不因侵略他人或被他人侵略而引起世界的战端，对内能统一，不因内乱不宁而引起社会不安。现在世界抱野心的国家对于他国常有经济、文化、政治的种种侵略，其大半为教育偏见底产物，我们要祛除这种偏见还得利用教育：因为教育是人人应当受的，倘使国家底教育注意于提倡不侵人、不被人侵的独立精神，而使一切人民的脑筋中都具有此种观念，则对外既不致发生无谓的战争，本此精神彼此自处，亦不致发生争斗。这是就立国于大地之上说，国家不能不要教育。还有，一国有其特有的历史，这些历史都是由国内已往的贤哲底精血构成的，既费前贤底精力，复足为后人底鉴导，自当加以选择而久远保存之。虽然他人也可以代为保存，但一因异国人为着语言习尚的隔阂，不能如本国人知之详审；二因劳他人代庖，便减少他人对于其本国文化护持的精力与时间而妨害他人，均不如我们自己负责之为愈。故为保持一国固有文化计，也不能不要教育。

七　世界的需要

现在国际的和平虽然日曰有人倡议呼号，但已往的欧洲大战甫过，未来的世界大战正在酝酿。人类果真有好战的天性吗？此天性不能化除吗？这无非是为着各国私图不便而发生的问题。桑代克（Thorndike）说：“就是最文明的国家，也不曾学得用精明的法官解决国际的争论，用国际的警察防止国家的强暴与国法的破坏。……而明达的见解以为只有教人想着战争为无道的罪恶是唯一可靠的防战策。”他这话骤然看来，好像有点不切实际，但健全的舆论，其防止战争的力量正与不健全的舆论鼓吹战争相等。我们自然知道战争的原因，不尽是由于舆论的鼓吹，还有有关民生疾苦的经济问题，或人类权力欲的满足问题，不过这些问题，都可用教育解决：权力欲的满足，固然可以发展罗素（Russell）所谓创造冲动（Creative　impulse）去替代，而经济之生产支配问题，更可利用教育养成其生产的能力，知足的精神。倘使一般人受了相当的教育，知道侵掠之非是，并能“自食其力”，个人国家固能安静过去，世界的战争更无由起。所以为世界和平计，非以教育为手段不可。

IV. 撮要

1. 中国古训以效与养释教育，含义与西洋“引出”相类，都在本人类固有的天禀施以诱导，使之为善；教育两字在中国战国时即已有之，并非新从外国搬来。

2. 教育底定义因各人对于教育的意见而有差异。我们以为教育是人生的，所以定义为：教育是改进人生的活动；其目的在为社会造自立的个人，为个人创互助的社会；其方法在利用环境的刺激使受教育者自动解决问题，创造生活。

3. 人类因为幼稚期特长，事事须人扶助，所以不得不有教育；后来生活日繁，分工日细，父母不能兼负教育之责，于是更逐渐形成现在的学校教育。

4. 学校教育因为成了专业，反而与实际的生活隔绝，这层在中国为尤甚，故我们言教育当特别注意于此。

5. 教育要与生活接近；而为个人幸福、国家安宁、世界和平，均不可不要教育。换言之：教育底真正功用在于改进人生而使之臻于至善。

V. 名词释义

孟子　姓孟名轲字子舆，战国时邹人。受业于孔子之孙子思，学成，历游梁、齐、宋、鲁、滕诸国，道不行，退而作书七篇，称道性善与仁义道德，后人称为《孟子》。

《说文》　《说文解字》之简称，汉朝许慎撰，以小篆分为五百四十部，推究六书音义，为言小学（文字之学）者所宗。

《学记》　《礼记》中之一篇，专论教育。

《中庸》　亦《礼记》篇名之一，子思所撰，朱熹撰章句，以之与《大学》《论语》《孟子》合为四子书，称为《四书》。

《虞书》　《尚书》之篇名，纪帝尧政象，为世界最古之史。

荀子　名况，战国时赵人，盛称性恶，与孟子性善针对。著书三十二篇，后人称为《荀子》。

《易经》即《周易》，为文王周公所作，孔子词而发扬之，说宇宙万物消长变化之大法，所包含之思想极其广大。

亚里士多德（Aristole）　希腊哲学家，为演绎法之始祖。

存种　生物学名词，谓人之继续传衍，目的在保存种族，简称存种。

自存　亦生物学名词，指人之自谋生存。

教仆　古时雅典儿童于七岁离保姆入学校受教育，另请人伴其往来学校，监督儿童行动；其人虽须仪容端正，衣冠高雅，但于学问毫无素养，不能躬亲教育之事，故称教仆。

斯宾塞尔（Spencer）　名Herbert，英国哲学家，著《综合哲学》历三十六年而成。关于教育者有《何为最有价值之知识》及《德育》《智育》《体育》四篇论文集成之《教育论》一册，任鸿隽已将其一部分译成中文，由商务印行出版。

欧洲大战　一九一四年六月奥皇太子在塞维尔为人所刺，首由奥向塞宣战，次及德、法、英、美、中、日、土、意成为世界大战，至一九一八年始停止。

罗素（Russell）　英国数学并哲学家，关于数理、哲学及社会问题之著作甚多，于1920年十月来中国讲学。其著作译成中文者有《哲学问题》《数理哲学》《哲学中之科学方法》等。

创造冲动　罗素以为人类生活常为两种冲动所支配：一创造冲动（Creative impulse），一占有冲动（Possessive impulse），要社会和平当尽量发展创造冲动。

杜威（John Dewey）　美国教育哲学家，于1919年来中国讲演《教育哲学》《政治哲学及社会哲学》《伦理学》两年，关于教育的著作甚多，译成中文者有《明日之学校》《德育原理》《学校与社会》等；其教育哲学以实用主义为基础，为各国所推重。

Ⅵ.问题

1. 概述孟子底教育学说。

2. 概述杜威底教育学说。

3. 教育何以要利用环境底刺激改进人生？

4. 教育底目的何以要为社会造自立的个人，为个人创互助的社会？

5. 学校教育何以与实际生活隔离？述自己经过的事实证之。怎样改革？

6. 教育能臻世界和平、国家安宁、个人幸福吗？原因何在？方法如何？

Ⅶ.参考书

1. 郑宗海、俞子夷译：《人生教育》第一章（商务）

2. 余家菊著：《教育原理》第一篇（中华）

3.《胡适文存》卷二：《杜威的教育哲学》（亚东）
4. 胡适：《中国哲学史大纲》第十编第二章《孟子》（商务）
5. 任鸿隽译：《斯宾塞尔〈教育论〉》（商务）
6. 梁启超：《先秦政治思想史》本论第六节（商务）
7. Thorndike：*Education*，Chapter Ⅰ
8. Nunn：*Education：its Data and First Principles*，Chapter Ⅰ
9. Dewey：*Democracy and Education*，Chapter Ⅶ

第二章 教育与学校

I. 学校底起源

八 学校底意义

学校两字在中国已有很长的历史。孟子说："设为庠序学校以教之：庠者养也，校者教也，序者射也。夏曰校，殷曰序，周曰庠，学则三代共之，皆所明人伦也。"朱熹集注说："庠以养老为义，校以教民为义，序以习射为义，皆乡学也；学，国学也；共之，无异名也。伦，序也；父子有亲，君臣有义，夫妇有别，长幼有序，朋友有信，此人之大伦也。庠序学校皆以明此而已。"学与校在三代时虽为两种教育场所，但教育目的则同为明伦；若用现在的名词解释，则当时的学校教育特别注重于社会秩序与个人德性之培养。五伦之说，现在固多视为迂腐，但从社会学上之观点看来，五伦云云，不过是适于当时社会秩序之公共信条而已；个人要能在社会上为一良好分子，自不得不尊重社会信条，也不能不修养德性以期能适合社会生存。所以学校两字在中国的本义是含有社会目的之教养场所，不只是知识的传授而已。

西洋则不然：学校两字，英语为School，德语为Schule，法语为École，均自拉丁语Schŏla转变而来，而拉丁语之Schŏla又出于希腊语Schole。希腊之Schole意为闲暇（Leisure）。以学校而称为闲暇之地，读者或者觉得奇异，实则希腊国民是有阶级的，非若中国国民在历史上即为平等，受教育者只限于自由民，奴隶不与。此种自由民在国内为贵族，平时一切劳役，均委奴隶，己则在学校优游度日，以受教育，所以学校称为闲暇之地。

现在所谓学校则参合两种意义而扩充之，其范围很广，凡一群人受教之地都可称为学校，如大学校、中学校、小学校、职业学校、平民学校等等；其正当的意义应为教育人的场所：凡知识、技能之传授，德性、人格之培养，均当负其责任。但实际上现在的学校大半只能负传授知识的责任，技能虽亦有注意者，不过多与社会需要背道而驰；至于人格与德性之陶铸则很少有人注意；而中等以上学校与一部分小学校之校役满堂，供学生教师使唤，很与希腊所谓优游闲暇之地相似。不过这种现象只是变态；从教育原则上讲，学校应为传衍社会文化于青年，使之能自存存种的场所。这样，学校不只是传衍知识与技能而已，并且要适应社会，创造环境；不只是陶铸人格与德性而已，而且要使群性与个性为协调的发展。

九　学校底由来

前章曾说初民的教育方法只是生活的直接参加，并无专司教育的人，更无专施教育的场所。学校何以成立，其间经过的阶段不少，据社会学及教育史家底意见，学校底构成，完全为社会生活的效率，而经过的步骤有四：1. 伤验（Ordeal），2. 训练（Drill），3. 成人仪式（Initiatory rite），4. 俗尚传授（Instruction in Tradition）。初民社会之人民为自存存种计，自然有相当之教育，不过负其责任者为父母，教育之场所只是家庭而已。但父母之生活不是孤独的，必与当时当地之他人有关系，而集合若干人在一处共同生存，便有共同的目的，便不可不为团体谋幸福。往时民智未启，无何种特殊发展团体生活的知能，所持以与自然抗者，惟强健之身体，于是对于加入团体活动之青年底身体特别重视，故儿童达成年或达某团体共同认定之年龄时即予以特殊的试验，如烙体、斗兽等以验其能否容受，而为断定其加入已有团体与否之标准。这种举动自然很残酷，但现在非洲的野蛮民族还是如此办理。训练则较文明：即一团体为生活而需渔猎，或与他团体战争，则驱青年于前锋，使之为实际的活动；渔猎有成，战争生还，便是团体中之优秀分子。成人仪式则含有宗教性质，即因各团体之信条对于青年之某时期举行某种仪式，予受者以种种试探或锻练以坚定其心志。此种仪式，大概由传说之迷信而成，既成之后，便在社会上有一种无形的势力足以支配社会上各分子之生活，而成为俗尚。凡生存于此社会之分子均当遵此习俗，于是便由长者特别教授，以使幼者模仿以适于生存。此种俗尚既经固定，传衍稍久，便非人人能知，不得不由特殊年长者司传授之责，教宗，牧师由是而出，雏形的学校亦由是而立：因牧师传播教义大概有一定时期而且听讲者不止一人，很与现在学校教育相似。后来社会生活日趋复杂，生活的知识与技能亦日渐发展，而有分工的需要；于是有权力与资产者以其权力使人或以资财雇人代为教育其子女，而专司教育的学校产生。文化日启，学问日丰，鸿儒硕彦为传播其思想而聚众讲学，如孔子之洙泗设教；或众人相集，聘请大儒讲学，亦为事实所常有，此为私立学校之滥觞。及国权发展，教育事业由国家办理，国家以其权力制定法律限制人民就学，以其财力设立学校或补助私人设立学校，于是有公立学校。此为学校形成与私立公立学校由来的大概情形。

十　学校底发展

学校之成立虽由社会的需要所趋使，但最初享受学校教育权利者只是特殊阶级，而不普及一切平民。自国家经营教育后，一切人民始有进学校受教育之权利，但大半只限于初等学校；中等教育在欧美教育者虽然亦曾倡言普及，但实际上还没有那国办到。所以现在学校教育仍不免有阶级的性质。当学校初成立时，课程内容，教学方法以及组织设备均无一定型范，不过以家庭之愿望为转移而已。迨后交通日繁，社会生活渐有定型，于是有固定型范之学校；及印刷术发明，文字传播便利，学校底组织、课程等等均有机械的形式，而学校教育亦普及各地，学校数量自随之而增。此为学校发展之大概情形。

中国立国最古，教育发展亦最早，即就文字记载之可考者，虞时养国老于上庠，养庶老于下庠，已有国家设立之学校。夏养国老于东序，养庶老于西序，商养国老于右学，养庶老于左学，皆承虞制而易其名。周时政教昌明，除中央之上庠、东序、瞽宗、成均、辟雍外，地方并有塾、庠、序各种学校。汉以后学校制度虽迭有变更，但国家不放弃学校教育，私人可经营教育事业则同。明清科举制盛，表面上似国家只有考试取士之责，但各学官与公立书院之设立仍为国家事业。甲午战后，中国改设世界通行之新式学校，光绪二十八九年间并曾由国家制定法律规定学校章程，各级学校之办法与课程均须遵守一定规章进行，而设立学校之地方与数目亦由国家规定，实为中国学校史上之大变动。自光绪二十九年以后，学校与学生数年有增加，据一九二三年之统计，除教会学校学生外（教会大学生在内），有学生六百六十一万九千七百四十二人，学校十七万八千九百七十二所，教育费五千九百四十二万四千五百六十七元。兹录两表如下：

第一表

学校，学生及各校学生平均数

学校种类	学校数	学生数	各校学生平均数	等第
大学校及专门	125	34,880	279.0	1
师范学校	275	38,277	139.0	3
师范讲习所	110	5,569	50.6	6
中学校	547	103,385	189.0	2
中等职业学校	164	20,360	124.1	4
初等职业学校	439	20,467	46.6	7
高等小学校	10,236	582,479	56.9	5
初等小学校	167,076	5,814,375	34.8	8
总计	178,972	6,619,742	37.0	—

第二表

学生，经费及各级学校每生所费平均数

学校种类	学生数	经费数	各级学生每生所费平均数	等第
大学校及专门	34,880	13,950,424	399.95	1
师范学校	38,277	4,454,265	116.52	3
师范讲习所	5,569	179,654	32.26	5
中学校	103,385	6,600,256	63.84	4
中等职业学校	20,360	2,790,005	137.03	2
初等职业学校	20,467	600,470	29.34	6
高等小学校	582,479	10,089,731	17.32	7
初等小学校	5,814,375	20,759,762	3.57	8
总计	6,619,742	59,424,567	8.98	—

Ⅱ.学校底职能

十一　一般职能

职能两字从英文之Function翻译而来，即一事或一物之特殊功用。学校之种类不同，其职能亦因之而异，然有一公共之职能，是为适应。适应有两义：一使受教育者适应社会，二对于社会上及

自然界各种材料加以选择使之适应教育底需要。社会组织复杂，生活技能与知识亦随之日趋复杂，昔日之“日出而作，日入而息”，便可诵“帝力于我何有”，现在则作息而外，一切生活均与各种社会有极大的关系。乡间农民、工厂工人之重要职务自然是务农与作工，然而一心一意地务农作工，完全不问外事，竟可以不能生存，因为农场作业、工厂工作之秩序，农产物与工业品之销售，均与政治经济有极重大的关系。倘若农民、工人不明本国乃至于世界政治经济情形，军事问题发生便可以有形破坏农业与工业，而世界经济有变化，亦可以无形致农产品、工艺品底死命。其他各国立国均有其特殊的精神，为国民者不论其职业如何，亦不问其所信仰之宗教如何，但决不可不知道此种特性，尊重此种特性，而且对于国家不可不爱敬。这种知识全恃学校传给，其他如生活技能、公民德性，亦莫不赖学校灌注陶铸，而社会文化之进步，更有赖于各分子之协调创造；创造力之养成，亦当由学校负责。故使学生适应社会有二种要件：第一要予受教育者以生活的能力，使之能为独立的个人；第二要予以国民常识，培养其公民德性，使之在国家中为一个良好的国民，在世界上为一个良好的人；第三要培植受教育者之创造能力，使之于继承社会文化上的遗产之余，并能创造新文化传之未来。

第二种职能亦可谓之为选择。自然界、人事界的现象极复杂，虽然都可以取为生活上应用之资，但实际上却不能尽取为应用之资，于此不能不有决择。学校以施教育为要务，对于社会生活，学生个性有相当的了解，对于自然界、人事界之各种现象也有相当的研究，社会与学生之需要如何，自然界、人事界某种现象能适应某种需要，均可预为决定而为之配置。选择之各种要件，课程中将再论及，此处不再详述。我们所当知道者：一切选择要以发展生活（合物质生活与精神生活）为标准。

十二　小学校底职能

小学教育亦称国民教育或义务教育，重在普及。义务教育何以要普及？在使国民同受国家规定的共同教育，以增进国民底能力，巩固国家底基础。无论何种国家，其国民教育均由国家办理，不容私人违法经营。教育目的固然是全国一致的，人民就学并由法律强迫之，其所以如此，是因为一国在历史上有其立国的特点，也有其立国的理想，要此特点能继续传衍，此理想能逐次实现，非全国人民共同努力不可，更非全国人民明白此特点与理想不可。负传播与灌输之责者为小学，故小学最重要的职能为使全国民对于国家有一致的理想而共同努力实现。简言之，可称为统一职能。

中国地大物博，各地生活状况不同，教材之选择，教授之方式，自然不能一致，而且也不当一致。然而这种不一致只是实施之节目的变更，不是宗旨的差异。中国国民之居于北方者食麦，居于南方者食米，教材之关于饮食者自当米麦分授，但无论其食米、食麦或食其他种种物品，其为黄帝子孙则同，其受外国不平等条约之拘束受资本主义之侵蚀则一。处现在半殖民地之时代，谁也不能不承认向外求国家的独立，向内求国家的统一是必要的。可是现在中国的小学校形式上虽以施行国家根本教育为宗旨，但外人在国内各地设立初等学校甚至于少用本国语言与不用本国语言教授者随地皆是。为教育原则与国家前途计，国民对此均当特别努力。

十三 中学校底职能

中学校底职能为鉴别与分化。中学教育在世界上尚只有普及的理论，中国数十年间更难有普及中学教育的事实，故不能视为高级的国民教育。而中学生正为青年期，身心方面的变化很大，对于职业之趋向亦渐显明，学校教育应当因势利导，一面注意学生个性的倾向，一面设法适应其个性。前者谓之鉴别，后者谓之分化。我国中学校最初即以施以较深之普通教育为宗旨（清光绪二十九年张之洞等奏定学堂章程）。民国改革，中学校亦以完足普通教育，养成健全国民为宗旨，后来因其不适社会需要，一九一七年有增设二部之令，十年以后，选科制逐渐发展，一九二二年颁布之新学制。虽未明白规定中学校底宗旨，但就其纵横活动的精神看来，中学校分科日繁，分化的职能亦随之而显，而欲施行分化则对于学生个性不可不先加以鉴别。此为事实之要求与理论相应的实证。

十四　大学校底职能

大学校底职能为专攻与导率。大学教育虽然亦有人倡言普及，但实际却难于实现，即将经济限制的问题置之不问，在人性上亦未见得人人宜于受大学教育，故大学校底学生总是人数较少，而其责任却极大：因为现在社会组织极其复杂，一切重要或关系复杂之事业，无论其属于政治、经济、社会，均非有专门的学识不能措置裕如，亦非经专门的训练不能应付恰当。大学校对于固有的文化负选择保存之责，对于未来的文化负开创之责，对于社会专门事业负供给人材之责。故大学校最重要的职务一面为不计近功孜孜研究学问，一面为指导督率社会改进各种事业。我国大学清朝以端正趋向，造就通材为宗旨，民国以教授高深学术养成硕学闳材应国家需要为宗旨，大体上无甚变化，惟实际上还未能尽量发挥专攻与导率的职能。

Ⅲ．学校底组织

十五　行政组织

为求办事的便利与效率计，学校有一定人员负执行校务之责，有一定场所为执行校务机关，此人员与机关在办事上均有一定系统，谓之为学校行政之组织。中国旧日的学校如书院、私塾等，一切事情均由山长或塾师处理，固无特殊的组织，现代学校制度因受工业社会组织的影响，一切均趋于分工。乡村较小的学校如为单级则只有一教师，一切责任均为一人担负，有二三教师的学校，各种行政上之职务即渐有分工的分配。现在大中小学行政组织上的普通情形，大概分为三部分，即 1. 教务，2. 训育，3. 事务。教务专处理关于教科的事情，如功课表之配置，教科书采用等事属之；训育处理学生课外行为上的事情，如课外活动之指导，寄宿生之管理等事属之；事务处理关于学校日常生活的事情，如银钱收支，校舍修理，饮食配置等事属之。各校因特殊情形，设立其他机关负行政之责，虽名目稍有不同，但性质则不出上述三种范围之外。各部分有特设的人员或由教师中指定专员负专责，并有辅助人员分理其事。通例，校长为全校行政领袖，对外代表全校负责。

学校行政组织中有几个重要问题我们不可不知道：1. 学校大小，2. 合议制与独裁制的利弊，3. 教职员职责之分配。所谓学校的大小，即学校以容纳若干学生为度。中国私塾与书院收纳学生，本无一定规则，但因为系个别教学之故，学生为数常只数十人。现在的学校则仿照工厂大批制造的方法，一校常容收数百人以至数千人。此种人数众多的学校，在学校行政上似乎是很经济（因为一校长，一教务，训育，事务主任可以处理数千人的事情，若学校只有二三百学生，亦需这些职员）；但教育之要点不只是知识的传授，尤重在人格的陶铸。一校数千人，同学固无由相识，教师除直接教授之若干学生外更难与其他学生发生关系，即教职员之间除在职务上有必然关系而有往来外最多只能在同学录上识姓名而已。校长对于教职员或者能完全认识，对于学生则绝难人人相识。同事、同学以及师生之关系如此，当然难于发生深挚的感情，无怪一般人视学校为贩卖知识之商场，师生为店东与顾客，而叹私塾时代师生如家人之情谊不可复得！至于学校较小者，同学、同事与师生之间接触的机会多，彼此易于了解，人格也易发生影响，虽然在行政是小的学校，效率上不及大的但质却优良多多，我们宜加意提倡。至若小的学校标准如何？亦一难解决之问题：就团体生活与个人能力两方估计，中小学校，学生以一百至二百人为度；至大学因分科设备上之便利可多至数百人，以大学生年龄较大，知识较丰，学问行为不必如中小学生之事事赖师长扶育，可随其性向自由发展。合议制与独裁制的区别，即前者关于学校事务由若干重要人员集议决定而后执行，后者则由一人裁决施行。照我国学校现在的组织完全为独裁制，因校长受委于官厅（江浙等省系聘任），有全权进退教员支配校务，教师与校长为西宾与东家之关系，校长纵欲采合议的精神将事权分隶多人，或遇重要事件咨询多人而后施行，但在法制上仍为校长之便利而非必然的规定。此为法制引出的事实问题。至理论上则独裁制完全靠人治，校长得人，校务可以不受束缚而有长足的进步，不得人亦可以败坏不堪。合议制若植基于法律之上，则为法制的，校长得人与否之影响较小，校事可以按部就班进行下去。此又我们所当提倡者。教职员权责分配亦是行政中一大问题。照现在情形，教员与职员几截然两途：通例，教员只负教学甚至于只有上讲堂讲功课的责任，对于校中行政一概不问；职员则专理行政上的事情，彼此不谋。同事既易生隔阂，学生对于职员因其不任教课或督责而有轻视与敌视之念，对于教员因其不明学校情形或无权处理关于操行上之事情而有蒙混或放纵之弊。由此发生的流弊既足以使学校少敦厚诚挚的精神，教育上之效率亦随之而减。较好的办法是使教师于教课外对于学校行政负一部分责任，职员于担任行政事务外，并教若干功课，虽职责各有偏重但同事师生间之隔阂可以减少。不过国内中等以上学校（小学职教员不分者为最多数）实行此种办法者为数甚少。

十六　学级编制

集多数学生于一校，因其年龄知识上之各种差异不能集合在一处施同一之教育，亦不能不问其程度如何以同一的教材教之，于是为教授与学习便利计，有学级的编制。中国学校通行的编级方法有单级制、二部制、年级制、学科制、道尔顿制几种。单级制是合多级学生于一教室教授：例如全体学生四十人，就程度与年龄之差异有一年生十五人，二年生十人，三年生九人，四年生六人，但全校只有一教师，势不能分教，而各学生又均系日间就学，不能用二部制，于是将四级学生合在一个教室教授。一教师同时要顾到四级学生之教课，只有多使学生自动，而将复习与新授的功课配合适当，使各级学生得相当时间的直接指导。此方法多行于乡村小学，间亦有于主任教师外延请助教或指定年长学生相助者。二部制是将学生分为两部分，一部分在上午上课，一部分在下午上课，其所以如此编制是为学生就学之便，即有些学生上午无时间就学，有些下午无时间。此制大概行于都市工商业发达之地，但在中国不甚多。年级制是将学生于入学时将其各科程度加以试验编定年级，以后即按照各年规定的课程逐次学习，年限完足即行毕业，其中虽因程度低劣而有留级者（即留一年），但超越升级者则无有。此为现在最普通的编级方法，其弊在过于机械，不能适应优等生与劣等生之需求。学科制以学生对于某科之成绩为单位：如国文有二年级之程度，算学有三年级程度，国文即在二年级授课，算学即在三年级授课，其他各科如之；但大概有一定限制，即各科年级之距度不能超过二年或三年。此方法大概行于较优良之中小学校。道尔顿制为近数年来之新方法，曾于一九二二年至一九二四年之间风行一时。此制为美国柏克赫司特女士所创，盛行于英国。其编级方法以个人程度为准标，可以随时伸缩，例如某生之国文程度甚优，算学甚劣，他可把学习国文的时间改习算学，各科在一定期间内（一星期或一个月）

可以自由支配各科学习时间，但各科之进程却要一致。此制重个别学习，故班级教学减去一部分；通行于江浙等交通省份之一部分小学及极少数中学。其精神很有许多与中国旧日的书院制与私塾制相通，方法则较单级制便利，乡村小学很可采用。

Ⅳ．学校与教育

十七　学校与教育之关系

一般人以为进了学校便是受教育，否则便不是受教育。学校为施教育的一种重要场所，进学校的人自然不能说他不是受教育，但以进学校等于受教育却不免错误：第一因为教育的机关不只有学校，受教育的机会也不只有在学校，例如剧场与图书馆固系有组织之社会教育机关，而人民参加政治社会种种活动亦可得相当之教育。第二因为现在的学校在形式上虽为施教育之重要机关，但实际上却不能尽能发挥学校应有的职能而予学生以人格的陶铸。所以学校与教育之关系虽很密切，但教育不尽在学校之中，这条原则我们不可不知道。因此，在国家法律上既经规定义务教育为强迫的，一切人民均当尊重国法而入小学校，中等以上之学校固然也有可进的权利，当进的义务，但处此教育不曾普及之中国，为经济及境遇之限制而不能进中等以上之学校，亦无庸悔恨，更不必自侪于不受教育之列，只要努力自学，其成就也难限量。世界大科学家、大发明家如克罗泡特金（P.A.Kropotkin）、法勒第（M.Faraday）固不曾受完全的学校教育，其学术上之成就，更不曾由学校得来；中国旧教育素重自学，历代大学问家之造诣，更多由自学而来，此种精神实有保存发挥之必要。故我们一面固当努力求学校教育之扩充增加一般人民受教育之机会，而在过渡时代因各种原因不能受完全的学校教育，亦可自学以冀成功，而不必自馁。

十八　学校教育之利弊

现在学校管理组织等等均有工业化的性质，对于团体的训练，治事的效率均优于旧日的学校制度。分析言之，有下列几点为私塾制与书院制所不及：

1. 团体训练方面：书院与私塾虽亦集若干学生于一堂，但学生在校相处只是散漫的个人而无团体的组织，现在学校的学生则各依其学力或兴趣之所近而为分团的组织，学校生活有一定的规律，实是一种团体的训练；学生在校过惯团体生活，出校易于适应社会。

2. 效率方面：教师可在同一时间教授数十或数百学生（大学讲演），在教育者之时间上既很经济，而设备可以公用，金钱亦较节省；其他校务亦因行政上有一定系统而易于处理。财力精力既省，教育较易普及。

3. 高级小学以上的教师大概为专任，教师可就其性之所近的学科专门研究，以其结果分施学生，学生可以得专家指导，而省去试误学习的时间与精力。

4. 学校组织有一定系统，国家公共的教育目的可易实现。

“凡事有利必有弊”，是一切事业之通例，学校教育亦不能外此原则。现在学校教育最大的弊端在于不能使学生个性得尽量发展，其次则团体活动有限于机械性的危险。兹分析言之。

1. 发展个性方面：现在的学校因为组织一律，课程与训育方法均采“一致”的精神，特殊学生无论其为天才或低能均不得不按部就班做去，天才既因不能按其能力前进，低能又不得不勉强追进，二者均受牺牲；而且师生之间多为团体的接触，少有机会互相了解各个人之心性，人格的相互影响（学生人格对于教师亦有影响，不只是教师人格影响及于学生而已）薄弱。

2. 团体活动的机械性：照现在学校的组织情形，同学与师生几无不为团体的接触（上课），但实际上很机械。因为师生或同学之接触，都为机械的规定所支配，而非出于自然的要求，故公共意识不明了，团体动作难坚固，而且易于互生冲突。

学校既利弊均有，我们决不能因其有弊而将现行学校制度完全破坏之，只问怎样去弊。换言之，即提倡小组织的学校与旧日讲学的精神，使师生同学同事之间有共同的理想，诚挚的感情，而将学校教育植基于人格感召之上，以收群性与个性交互协调发展之效。

Ⅴ. 撮要

1. 学校两字中国义为教养之地，西文意为闲暇之所，现在则视为传衍社会文化于青年，使之能自存存种的地方。

2. 学校底起源由于社会的需要；首宗教学校，次私立，次公立；现在各国学校教育，大半为国家经营。中国学校发达甚早，但至今则初级小学尚多为外人经营。

3. 学校底一般职能为适应与选择，小学校之特殊职能为统一，中学校为鉴别与分化，大学校为专攻与导率。

4. 行政组织之重要问题有三：（1）学校的大小，（2）合议制与独裁制的利弊，（3）教职员职责之分配。实际上中国现时的学校组织为大规模的，行政为独裁的，教职员对于教课与行政事务为截然划分的，在原则上则组织以小规模，行政以合议，教职员职责以混合为宜。

5. 现在中国学校学级的编制有单级、二部、年级、学科、道尔顿制诸方法，以年级制为最通行，学科制次之，单级只行于乡村小学，二部行于极少数都市学校，道尔顿制行于少数优良中小学校。

6. 学校为施教育之重要场所，但教育之施受不只以学校为限，家庭及社会上之各种机关均有机会施受教育。现行的学校制度虽然优于团体训练与办事效率，但对于个性不能有充分之发展，尚有改良之必要。

Ⅵ. 名词释义

朱熹　宋人，字元晦，讲学以穷理致知，反躬践实与居敬为主，著有关于易理、小学、性理之书甚多。

学校，学堂　清朝称学堂，民国改元称学校，二者含义无差异。

山长　书院中之掌教者，约等于现在学校底校长。

不平等条约　国际条约有单务、双务之分，单务即一国负特殊义务，他国享权利；双务则权利义务互相对等。中国自一八四二年鸦片战争至今与外国所订条约均为单务的，此单务的条约即不平等条约。

半殖民地　离去母国移居他方从事垦辟，而仍服从本国法律之人民，谓之殖民，其所在地为殖民地。母国对于殖民地遣官治理，并强土著服从其法律；半殖民地即国家主权之一部分落于外人之手。中国内政外交常为不平等条约所束缚而不能自由施行主权，故称为半殖民地。

克罗泡特金　俄国人，倡互助论。

法勒第　法国人，发明电解量定律（Quantative Law of Electrolysis）。

Ⅶ.问题

1. 学校两字之中西意义如何？以何者为较适当？现在的含义如何？

2. 述中国现在学校发达的情形。

3. 小学校何以以统一为最重要之职能？对于外人经营小学校有何方法使之实现此种机能？外人何以不可代营国民教育？

4. 假如你是小学毕业生，对于小学校之实际经验如何？述其优劣点与改进之方。

5. 现在的行政组织何以当改进？学校经济不分开是否与独裁制有关系？怎样改革？

6. 学级编制以那种方法最适宜于小学校？那种最宜于中学及大学？

7. 述你在学校所得的益处与所感的苦痛。

Ⅷ．参考书

1. 余家菊：《教育原理》第七章（中华）

2. 郑宗海译：《教育之科学的研究》第七、第十、第二十一章（商务）

3. 李步青：《新制教育史》第二、第四章（中华）

4. 张荫麟译：《葛兰坚论学校与教育》（《学衡》四十二期，中华）

5. Henderson：*Principles of Education*. Chapter XV，XVI

6. Ruediger：*Principles of Education*，Chapter XIV

第三章 教育与学制

Ⅰ. 学制底起源

十九 学制底意义

什么是学制？很简单的答案是“学校的系统制度”。我们若把此七字分析来讲，应注意：1. 学校，2. 系统，3. 制度三事。换句话说：只有学校，而无系统组织及为国家法律所规定，不得据为“学制”。在事实上，中国各地都有私塾，其教学精神与方法亦大半可通行于各私塾之间，而且因为义务教育不曾普及，国家亦勉强认其存在（因为要受取缔，故为勉强容认），但我们不能称之为“学制”，就是因为它不合上述的两个条件。故真的学制第一要有学校，组织、行政、教学、训育各方面的要旨须共同通行于一国之内，而为国家法律所规定或承认；第二要有一贯的系统，即学生能按照一定年龄继续入其年力相符之学校以求学。

“学制”两字底意义，照上面解释已经很明白，但是有许多人常把它与教育制度混为一谈。实则教育制度底范围很广：有教育宗旨、教育行政、教育方法、教育经费、学校制度等等，学制不过其中之一部分，决不能混而为一。教育制度在教育研究上诚然也很重要，不过我们注重在教育常识，而学校制度与我们日常生活的关系最密切——无论何人都当进学校，无论何种父母都当送子弟进学校，均不能不受学制之支配。教育行政多关系于办理教育事业者，教育经费大部分属于国家政策底范围内，与一般人底关系较少，故只述学制而不及教育制度。

二十　学制底由来

学制不是凭空产生，是以社会需要为根据的。初民固无所谓学校，更无所谓学制，后来社会组织日繁，分工日细，专施教育的学校成立，一般专负教导儿童责任的人因着社会的需求创出一些适应社会需要的教育方法，逐渐为一般人所采取、模仿，而成为一种通行的规律。此时国家为谋全国人民的便利，斟酌社会上已通行而最有效的教育方式而加以法律的规定，使全国照行；等到社会需要变迁，学制也跟着修改。这是学制构成的普通情形。

但学制的构成也有与此相反的：例如中国自清朝变法以后的学制，都是先在纸上凭空造成一种系统的图案形式，然后再照着去办学校。这种办法虽然很简单，但总难适用：因为初定学制系统图案时，既不注意于调查社会的情形以社会的需要为根据，制图的标准便只有两种：一是凭少数人的主观见解，二是抄录外国已成的东西。此种“急就章”，虽然在后进的国家难免不采用，但因为太急的原故，常常发生很大弊端而使国家社会都受很大的恶影响。所以学制的构成要以第一种为正轨。

二十一　学制底效能

学制既由社会的需要逼促而成，学制底效能当然是适应社会需要。然而对于国家还有两种重要的职能：第一是谋国民精神之统一，第二是谋国民能力的增加。我们说过教育是改进人生的活动，无论何人都当受教育，但各人应当受什么教育，教育者用什么方式去施教育则不可以各人底个性与此时此地的需要以为衡。学制是国家用法律规定的一种教育方式，在此规定之内，自然有许多细节可以按照国内各地的情形与各个人个性底差异而任国民自由伸缩，但学校系统底要素如学年之规定，学校种类之区分，却是根据国性国情而定。法律之施行既有强制性，则学制规定四年义务教育，人民受义务教育之时间最少当为四年，如为六年亦当为六年；而某种学校实施某种教育，国民之入某种学校者，最少亦当实受某种教育而有某种能力。倘国民是遵守——而且应当遵守——法律的，共同遵行学制上所规定的种种，国民底精神无形之间已有统一的结合，而国民底能力也可因法律的督促与互助的精神而增高了。

学制对于教育的进行还有许多便利：一国有了一定的学制，教育者即可照其规定按部就班进行，可以省去许多在学年与学校种类上的踌躇时间；而各级学校都有定型，并可在同一的范围内共同研究各种设施以为改进的张本。而且，学制有定型，办理教育事业者照着办学校，学生按其需要照着进学校，社会秩序也无形受其影响而更井然有条。

学制对于国家社会及个人自然有许多好处，但因为它是一种定型之故，便又容易流于机械而阻教育底进步。这种弊端尤容易在第二种情形之下构成的学制中发见。俗话说“有利必有弊”，世界上一切事业大概都不能逃此论断，只看运用制度的人怎样趋利避弊罢了！

Ⅱ．学制底要素

二十二　学制成立与推行的条件

学制底由来虽然有上列两种方式，但从广义讲，都可以谓之为应时势的要求。故某种学制能成立而推行，必有时势的要求为其背景。中国三十年所行的学制虽然不大合社会的需要，然而甲午战后，中国决不能再如往日之闭关自守而不能不跟着世界潮流走，也是时势所逼而然。

故应时势之要求为学制成立与推行之第一条件。不过时势的要求是偶然，要能长久推行，学制本身还要具备几种条件：第一要适合国性，第二要适合人性。无论何种国家，如果能存立于大地之上必有固有之特质：此特质非少数人所创造，亦非短时期能构成，乃由国中无数先民适应环境的种种活动所积聚遗留而来。无论何种活动都可在社会中留一痕迹，但要此痕迹能长期积留而成为一国通性，则此性质之本身必有其可以保存的地方。此种性质因为时势的变迁也许不合时宜，而应当参补；但其固有的良好特性仍应保存。例如中庸的德性已成为中国民性中之一种特质，在现在外患交迫的时代，一以中庸为本，自然难免流于退让而为他人所鱼肉，也自然应采取西方的进取精神以调剂之。但是要把此种德性一律抛弃之，姑无论在事实上不易办到，即使办到而完全易以他种精神，则已与他人同化，根本已丧失其国家底个性，倘使国家而当保存者，此种同化与亡国何异？而且一种制度要能真正推行，也非植基于人民心理之上不可：因为不如此，即使运用势力而强迫行之，反动一来，便破坏无余。即以学制讲，中国在三十年间，学制系统经大变者四次，谁也知道大部分的原因是舶来的东西不与我国情民性相符。此学制推行要以适合国性为第一条件。其次，即使学制合乎国性，倘不合人性，仍不能推行：因为人类底生活是变动的不是机械的，在变动的历程中最少可以分为幼稚、儿童、青年、成人四期，此四期生活之递点虽无明确之界限，但以幼稚初期的生活与成人初期者相较，则截然两事；而且，各期生活之要求一切人类都相似。现在分级学制之能通行世界，即它能适合人类生活之自然要求，中国私塾制之不能完全推行及于他国也就是缺少此种特质。所以学制推行的第二条件要能适合人性。

二十三　学制底种类

现在通行的学制有两种：一种是单轨制，即中小学衔接，如我国及美国的学制；一种为双轨制，即中学小学分驰（小学有两种性质，一种专为升中学者而设，一种为毕业小学后略受补习教育即谋职业者而设），如德法底学制。从原则讲单轨制行于无阶级之国家；双轨制行于有阶级的国家，但法固共和国，学制仍为双轨，日本为君主国，学制仍为单轨。此种分别由于各国历史上的传衍，并不能据以断国家底特性。而实际上双轨制却有其优点：因为一国人民在事实上不定都能进中学（但普及中学教育的议论，英美教育者却已提倡多年），果能使不进中学者赶早入特殊学校而得相当的职业训练以增进其生活能力，亦未始非个人之幸，国家之福。中国学制为单轨制，诚合于民主国之平等精神，但环顾中学毕业生之多数流为无业游民，与小学生之不能升学，却又不期然而向往双轨制！

Ⅲ. 中国底学制

二十四　学制概述

中国立国最古，一切文物也发达得很早，即以学制说，唐虞时代即有上庠下庠两种学校，上庠为太学，下庠即小学。此两种学校，夏与商承之，夏称东序西序，商称右学左学。不过此等学校均设于王宫左右，不曾普及乡郊，到周代学校制度大备，在王宫及诸侯首邑之学校有上庠、东序、瞽宗、成均、辟雍五种，在各地方者，闾有塾、党有庠或序，侯国之乡有庠。周时每值春初，村中人民，无论男女老幼自早即往学校听讲，至晚方归，并注重普及教育。

战国时，王室中衰，号令不行于诸侯，虽然讲学之风极盛，文化亦很发达，然学制却破坏无余。秦始皇焚书坑儒更不注重教育，而且时间也很短，当然对于学制无所建白。汉高祖平秦之后，因廷臣拔剑争功特优礼儒生，以挽末俗，教育渐被重视；至武帝纳董仲舒之策，建大学于京师，又立五经博士研究经术；并令各郡建学校讲五经，各地私学并承奖励，故汉时教育已有系统而非战国时之紊乱可比。唐代底学校制度更为完备，京师有国子学、大学、四门学、律学、书学、算学六学隶属国子监，兼收官吏庶人之子弟，并专为贵族设备弘文馆与崇文馆，专收宰相及一品功臣之子弟。此外并有广文馆，专备考试进士者读书其间。地方之府州县都设学校，同时并用考试法取士。宋时学校制度与唐相似，亦有国子监、太学、律学、医学、画学、书学等，但特别注重于考试。此时私家讲学之风极盛，现代之书院制亦植基于那时。元代学校制度分为地方与京师二种；京师有蒙古国子监、汉人国子监、回回国子监，地方则各州有书院，路有路学，县有县学，各路有蒙古字学、医学、阴阳学等，但同时并用科举取士。明代诸帝王多好文学，教育更为兴盛。京师有国子监，又有宗学以教贵族子弟，地方则郡有府学、州有州学、县有县学、乡有乡学；此外并有教文武子弟之都司儒学，都输运司儒学，京卫武学等。而考试制度亦更详备。清初学校制度多承明意，京师有国子监宗学、觉罗学、咸安宫学、景山官学、八旗官学，地方则各省会城有书院，府州县有府学、州学、县学，乡党有义学、家塾。考试制度则与明代相似。

以上概述中国历代学制变迁的情形，自然极其简略，但即在这简略的事实中，亦可以知道（1）中国对于教育素为重视，（2）各时代虽然因政体关系而有贵族设立之专校，但对于平民底教育均同时顾到，（3）考试取士完全无阶级之分，一切人民均平等待遇，（4）学校普及乡村，自考试制盛行后，政府对于教育只处督率的地位，地方教育大半由人民自理。这种精神虽不能谓为尽善尽美，但确为中国教育底精神，我们应得注意。

二十五　新学制底由来及其变迁

这里所说的新学制不是一九二二年十一月一日所颁布之新学制，是光绪二十八年以后中国改行西洋学校制度之泛称。何以称西洋学校制度为新学制？最重要的原因是这种制度无论在组织上、方法上都与中国旧日所有者判若两物。此种新学制何为而来？最简单的答案是由于世界潮流所迫。世界各文明国之采用现在通行之学校制度，已有几百年的历史，中国何以在近二十余年来始行采用？是三十年以前，中国尚维持半闭关自守的局势，虽然与欧美各国也有通商的往来，但对于他国底文化与国力完全不了解，而仍怀华夏蛮夷的见解，不大受外国文化底影响，自鸦片战后，中国国民始渐知外国坚甲利兵之可畏，而有炫于其势之感，至甲午之役，以中国之大，竟为区区岛国之日本一败涂地。数十年前，日本底国势并不怎样强盛，居然能于那时战胜中国，变法曾收最大的效果，国人此时始悟要图强非仿效日本急行变法不可，甲午战后，朝野上下无不以举行西政，力图自强为言。而西政之最要者首推教育，故废科学、兴学校，在当时成为唯一的怒潮。不过因为历史上的种种关系，举国人民虽然亟望自强，但以平日素无预备，竟不知从何处下手，适有近邻的日本，在新政上足以供我参考，于是一切均取法日本。光绪二十七年十二月上谕张百熙为管学大臣，并令其筹拟学堂章程，二十八年七月他将所拟定的章程呈上，虽然说“上溯古制，参考列邦”，但实际上儿完全抄自日本，不过此种学制未曾实行而已。

以上为中国新学制之由来。

中国自学制系统成立至今虽然不到三十年，但其中却经过四次重大的变更：第一次为光绪二十八年张百熙奏定的学堂章程，第二次为光绪二十九年张之洞、张百熙、荣庆等奏定的学堂章程，第三次为一九一二年七月教育部召集全国临时教育会议改定的学制，第四次为一九二二年全国教育联合会第八届议决的新学制系统草案。各次变更的情形大约如下：

光绪二十八年张百熙拟订的章程：定蒙学堂四年，寻常小学，高等小学各三年，中学四年，高等学堂三年，大学预科等于高等学堂亦为三年，大学本科三年，大学上面并设大学院。与中学相等者有农工商实业学堂，与高等学堂及大学预科相等者有高等农工商实业学堂及速成科（仕学馆与师范馆），师范则附设于中学之内。除大学院外，全系统之修学期限为二十年（自六岁至二十六岁）。光绪二十九年张之洞修改的学制较为复杂而完备：计初等小学五年，高等小学四年，中学五年，高等学堂三年，大学预科与高等学堂相等，大学分科三年至四年。与高小相当者有三年之实业补习普通学堂，初等农工商实业学堂半年至四年之艺徒学堂；与中学相等者有初级师范，中等农工商实业学堂，与高等学堂相当者有三年之优级师范，进士馆，四年之高等农工商实业学堂，五年之译学馆，一年至三年之实业教员讲习所；大学之上并有通儒院五年。除通儒院外，共计二十一学年。一九一二年改革之学制，为初小四年，高小三年，中学四年，大学预科三年，本科三年至四年，共计十八学年，大学本科之上有研究院无一定年限；与高小相当者有三年之乙种实业学校，二年之补习科；与中学相等者有二年之补习科，四年之甲种实业学校，五年之师范学校，介于大学预科本科之间者有四年之高等师范，四年或五年之专门学校。一九二二年之学制系统下节当详录，此不再述。四期学制系统中我们最当注意者为女子教育之发展：第一期中女子教育并无正式的地位，第二期之中间（光绪三十三年）

颁布女子小学与师范学堂系统章程，女子教育始正式见于学制之中，但只以师范教育为止。第三期加添女子中学及女子高等师范，第四期则男女一律平等。

二十六　现行的学制

现行的学制与我们底关系较切，兹录一九二二年十一月一日公布之全文如下：

标准

（一）适应社会进化之需要；

（二）发挥平民教育精神；

（三）谋个性之发展；

（四）注意国民经济力；

（五）注意生活教育；

（六）使教育易于普及；

（七）多留各地方伸缩余地。

下图左行之年龄表示各级学生入学之标准，但实施时，仍以其智力与成绩或其他关系分别定之。

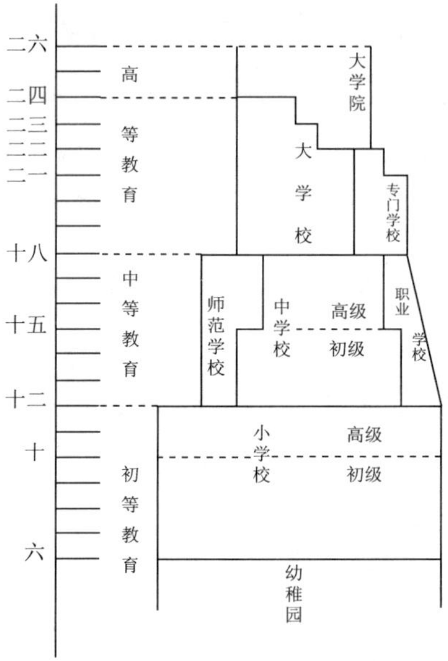

说明

1. 初等教育

（1）小学校修业年限六年。

（2）小学校得分初高两级，前四年为初级，得单设之。

（3）义务教育年限暂以四年为准，但各地方至适当时期得延长之。义务教育入学年龄各省区得依地方情形自定之。

（4）小学课程得于较高年级斟酌地方情形，增置职业准备之教育。

（5）初级小学修了后，得予以相当年期之补习教育。

（6）幼稚园收受六岁以下之儿童。

（7）对于年长失学者宜设补习学校。

2. 中等教育

（8）中学校修业年限六年分为初高两级，初级三年，高级三年，但依设科性质得定为初级四年，高级二年，或初级二年，高级四年。

（9）初级中学得单设之。

（10）高级中学应与初级中学并设，但有特别情形时，得单设之。

（11）初级中学施行普通教育，但得视地方需要兼设各种职业科。

（12）高级中学分普通农工商师范家事等科，但得酌量地方情形，单设一科或兼设数科。

（13）中等教育得用选科制。

（14）各地方得设中等程度之补习学校或补习科，其补习之种类及年限，视地方情形定之。

（15）职业学校之期限及程度，得酌量各地方实际需要情形定之。

（16）为推广职业教育计得于相当学校内，酌设职业教员养成科。

（17）师范学校修业年限六年。

（18）师范学校得单设后三年，收受初级中学毕业生。

（19）师范学校后三年，得酌行分组选修制。

（20）为补充初级小学教员之不足，得酌设相当年期之师范学校，或师范讲习科。

3. 高等教育

（21）大学校设数科或一科均可，其单设一科者称某科大学校：如医科大学校、法科大学校之类。

（22）大学校修业年限四年至六年，各科得按其性质之繁简，于此限度内斟酌定之。

医科大学校及法科大学校修业年限至少五年，师范大学校修业年限四年。

（23）大学校用选科制。

（24）因学科及地方特别情形得设专门学校，高级中学毕业生入之；修业年限三年以上，年限与大学校同者，待遇亦同。

（25）大学及专门学校得附设专修科，修业年限不等，凡志愿修习某种学术或职业而有相当程度者入之。

（26）为补充初级中学教员之不足，得设二年期之师范专修科，附设于大学校教育科或师范大学校，亦得设于师范学校或高级中学校，收受师范学校及高级中学毕业生。

（27）大学院为大学毕业及具有同等程度者研究之所，年限无定。

4. 附则

（28）注重天才教育，得变通年期及教程，使优异之智能尽量发展。

（29）对于精神上或身体上有缺陷者，应施以相当之特种教育。

此系统曾于一九二五年一月十七日修改中学采四二制，但其他各部分仍未有变动而且在实际上各省亦已大半采用三三制。

二十七　现行学制的批评

从中国近三十年来已有之四次学制系统看来，现行的学制不能不算为最有进步：其特点在第一能伸缩，第二能衔接。中国地大物博，各地生活情形不同，需要也因之而异；现行学制能顾虑及此而采纵横活动的精神，使各地得因当地需要而有所伸缩，又可彼此衔接，较旧制之固定者自然优良许多，而最重要者在中等教育段，即逐渐分科，使学生于毕业后具有相当的职业技能，实足矫从前中学教育之弊。此为现行学制中之特优点。但就学制本身讲，高等教育段各大学校既得分科设立，同时又容专门学校存在，在理论上固然二者出于重复，在实际上则因专门与大学相去甚微而可无专门学校。至于中等教育段一面既使师范教育独立，并且得单设后三年之师范学校，而高中又有师范科，更不知用意之所在。此外现行学制完全模仿美国，将中国数千年自由设学的精神打破，是否适合国情，更不可不从实际经验以求解决。

Ⅳ.撮要

1. 学制是学校的系统制度：第一学校组织、行政、教学、训育诸事，一国之内要有公共目标，第二要有一贯的系统。

2. 学制底由来有两种方式：一、学校教育根据社会需要逐渐演成为系统的制度，二、先定系统的制度再使学校照着办理。

3. 学制底效用第一在谋国民精神之统一，第二谋国民能力的增加，第三节省教者与学者时间与精力。

4. 学制要合国性人性及时势要求始能推行；各国现行学制有单轨制及双轨制之别。

5. 中国学制在三代时即已有之，以后均有发展。特殊的精神是人民在教育上待遇平等，设学自由。

6. 中国新学制是由于外侮逼成，三十年来，经过四次变更，但系逐渐改进者。

7. 现行学制之优点为能伸缩、能衔接，但中等之师范、高等之专门未免重复，而且几完全模仿美国，未定适合国情。

V．名词释义

上庠、东序、瞽宗、成均、辟雍均属大学。周时五大学，南为成均，北为上庠，东为东序，西为瞽宗，中为辟雍。

闾党、州周时二十五家为闾，五百家为党，二千五百家为州。

宗学、觉罗学、咸安公学、景山官学、八旗官学，皆清时特立以教宗室子弟八旗子弟者，教师满汉人兼用，意在保守满洲旧俗。

VI．问题

1. 教育与学制之关系如何？国家教育何以要有学制？

2. 学制是怎样构成的？述中国三代时学制构成之原因。

3. 述考试取士之优点与劣点。

4. 书院制与现行学制底精神有无相同之处？二者之优劣如何？

5. 中国新学制何以都由模仿他国得来？何以三十年间有四次大变更？

6. 述对于现行学制的意见。

Ⅶ．参考书

1. 郭秉文：《中国教育制度沿革史》（商务）

2.《教育杂志》，《学制课程研究号》学制部分（十四卷号外）

3.《新教育学制研究号》（四卷二期）

4. 朱叔源、赵南：《国民性与教育》（商务）

5. 盛朗西：《先周教育制度》（《民铎》六卷一号）

6. 盛朗西：《宋明书院讲学制》（《民铎》六卷一号）

7. 胡适：《书院制的历史与精神》（《教育与人生》周刊第九期，《申报》）

8. 郭秉文：《五十年来中国之高等教育》

9. 廖世承：《五十年来中国之中等教育》

10. 袁希涛：《五十年来中国之初等教育》

上三文均见上海《申报》发行的《最近之五十年》。

第四章 教育与学生

Ⅰ.何谓学生

二十八 学生底特质

读此书者大概都曾作过学生，学生之含义如何，似乎不必再述。但是最平常的事最易被人忽视。学生两字惟其太平常，所以还得一述。

照最通俗的字义讲，学是学习，生是生存，两字合起来，应当为学着去生存。一般人都称在学校读书的人为学生，但问读书的目的何在？自然是为着生存（广义的：合物质生活与精神生活而言）。所以这两字照最通俗的解释，很能尽其应有之义。不过学有道，生也有道，决不是盲目的乱动。《说文》说：“生进也。”《学记》说：“君子之于学也，藏焉、修焉、息焉、游焉，夫然故安其学而视其师，乐其教而信其道，是以虽离师辅而不反也。”生之本义为进，故人类底生活应为进步的，创造的；但现代的社会组织复杂，原始的本能，决不足以应付，于是学为必要。学的方法与态度应当怎样，《学记》上那几句话说得很明白：因为学之为言效也，所以从师实为必要（广义：不只以学校教师为限）。某人可以为师，自有其特长之点足资取法，即非与之亲而无由学得，故亲师为学的第一个条件。只有师无友，生活上固感孤独，学业上亦少切磋，故乐友为学的第二个条件。倘能亲师乐友，安学行道，而又对于所学能孜孜不倦（藏、修、息、游）地进行，学自有得，生活亦自有进步。

上面只说学生两字底意义及学生底目的，并不曾说到学生的特质。我想，谁也知道教育是以人为对象，在教育普及的国家中，谁也会作学校底学生；如其说学生有特质，当然不能离开人底特质。然而说学生底特质就是人底特质却又不对：因为人底生活是继续的，其范围自初生以至老死；学校学生生活则只有人底生活的一部分，即只以在学校的时间为限。各国对于学生在校的时间虽有参差，但学制所规定者大概均为六七岁至二十三四岁之十七八年间。此十七八年虽可细分为儿童期、青年期、壮年期，而生理与心理上均在发育，所以学生之第一特质无论在身体上或精神上均为向前发展，或简称之为生。学生之身心既向前发展，对于外面的好奇心盛而吸收力强；人到中年以上，饱经世故之后，遇事多持消极，而少年时代则一切任性而行，勇往向前。在此前进的历程中自然要遇着许多困难而遭失败，但因胸无成见，易为外物所影响，一切知识与技能亦特别进步得快。换言之，人生一世只有学生时代的学习能力最强，所以学生底第二特质为学。论学生底特质而以生与学为旨归，读者或以为这种解释，是一种文字游戏，实则事实确系如此，无论在生物学或心理学上均有确实根据。

二十九　学生底职责

近来因为国事紊乱与学生嚣张，社会上对于学生底职责问题常有两种极端的议论：一是专以社会活动为事，一是绝对不问外事。主张前说的，以为学生是社会中优秀分子，社会上一切问题均当由学生处理：自政治、外交、罢工、罢市以至各界一切集会均须由学生主持；甚至误衍阶级争斗之说以学生与教师为对立的阶级，学生之一切举动均当以拥护本身利益为前提。近数年来各校风潮迭起，河南、湖南等省并演学商冲突的恶剧，此种议论之鼓荡，实为重要原因，顽旧者见学生嚣张，则力倡绝对不问外事的议论，并以军警底势力禁止学生一切活动。实则二者均过于极端：在现在内忧外患交逼的中国；学生诚不能不参加社会运动，但社会事业至复杂，一切事业之处理，均须有专门的知识，学生底学识纵或优于普通民众，然而决非万能，决不能处理一切社会事业，亦非现在学生运动所常用之开会游行，发通电与简单的机械方法可以处理；而况中小学生底年龄与知识要其了解一种社会事业尚非易事，更何能单独主持社会运动。至于以学生为一种阶级更属谬见，因为阶级争斗之阶级，是以生产为分类的标准，学生根本为分利者，而且在文明国家任何人都当为学生，决不能将此预备生产能力之一时代划为一阶级，造成昨我与今我成仇雠之局势，此阶级争斗之说决不能应用于学生界者。而且实际上教师与学生的关系决不能和雇主与工人相比，雇主取工人底生产余值以自利，工厂底一切设备为自利的；教师生活则以国家供给为本位，虽亦收受学费，但系取之于学生之保护者，学生根本非生产者，更说不到生产余价，学校底设备更以利学生为主要目的。至雇主与工人只以生产品为维系的媒介，完全为物质的关系，师生则以感情为维系的要素，大半为精神的；而且工人能生产，是自立的，学生则以受教育为目的是被指导者。姑无论阶级两字在学生界不能成立，以被指导者而言拥护本身利益，亦未见得真能明白利益之所在（如反对考试），以拥护本身利益为言而处决指导者之职务（如议会式的学生自治会），乃至于倡产生指导者（如“民选校长”），则更自处于指导者的地位，不独不必入学校受教育，且可教导学校教职员，无论在理论与事实上均不可通；然而近年的学生为此谬说所误者不少。因学生之嚣张，遂发生一种绝对不问外事的极端议论。此议论近来很受一些顽旧者之赞许，但其不合事理则一：因为学习的目的在扩张经验，改组经验，而获得经验的方法，不只书本的阅读，实际的活动也一样重要；而且处现在的中国，事实上亦每不容学生在校安心求学（如五卅惨案）；在相当指导之下参加社会活动，或对于某种问题有特殊研究，能应用学术指导民众而主持社会运动，亦是现在学生界应当作的事情；不过要有分际，不以社会活动而放弃其受教育的责任。至于现在的学校在事实上诚有许多不满人意，学生自然可供献其改革的意见，也可为改革的运动，然而决不能以阶级争斗的态度存仇视的成见。中国社会政治都极紊乱，将来改革的责任，现在的学生自然当担负大部分，不过社会改革需破坏，更需建设，破坏与建设都非学术不可。所以学生真正的职责，第一是从实际上努力研求学术，第二应用学术加入民众或领导民众为自决的，有效的社会活动以救国家危亡。换句话说，学生不要忘了自己是学着生存的！

蔡元培说："求学不忘救国，救国不忘求学。"我们应当说："求学是为救国，救国更要求学。"

Ⅱ．儿童与学生

三十　儿童底心理

心理学者因研究的便利常将人类生活分为幼稚、儿童、青年、壮年、老年诸时期，而以六岁以前为幼稚期，六岁至十二岁为儿童期，十二岁至十八岁为青年前期，十八岁至二十四岁为青年后期，二十四岁至四十八岁为壮年期，以后为老年期。人类在六岁以前，一切生活均须长者代为处理，普通在家庭施以非正式的教育，儿童此时虽可以学习许多事物，但大半为直接参与生活而来，家庭的父母并不立定计划专门教导；幼稚园虽收六岁以下三岁以上之学生，施以系统的训练，但亦只以语言及游戏为限，而且此种教育只是自由经营，不为国家所规定。六岁至十二岁的儿童期在各文明国家大概都规定为义务教育时期强迫使之就学，此时的儿童不独为家族中之一分子，而且被视为国家中的国民。此时期虽只六年，但照心理学家底意见又可分为两期，即六岁至九岁为儿童前期，九岁至十二岁为儿童后期。儿童此时初与社会接触，经验不多而且纷乱无系统，对于感官接触所及的东西，都很感兴趣，但又不能明白其内容，于是时时求人指导，遇事既很好问，作事又好模仿，心理学者称此时期为模仿时期。儿童后期则因与社会相处较久，经验较丰富而有系统，对于自我有相当的认识，从前完全以他人之见解为转移，此时却自己有所主张，故心理学者称此期为自觉期。但此时因知识不充最易受环境底影响，而且所经过之经验，常能保持很长的时间，支配后来的生活。

三十一　儿童教育的要点

儿童期正为小学教育之期。《教育目的》第二章中曾经说及，在予学生以基本的人生知识，养成其对于国家之一致的理想。现在所论者为教授原则。

“儿童为具体而微的成人”，不独在中国有此观念，即西洋亦是如此，自廓美纽斯（Comenius），卢梭（Rousseau），裴斯泰洛齐（Pestalozzi），佛洛倍尔（Froebel）诸教育家对于儿童生活加以注意与近代心理学者用科学的方法研究儿童将其结果传布以后，西洋社会上始知儿童在形体上虽为具体而微之成人，而精神上则相去甚远。中国从前私塾之要学生背诵《四书五经》，或用夏楚威逼他们读书，都是不明儿童底特质所在。倘若你曾习过儿童心理学，自然知道儿童底种种异于成人之处，就不习过儿童心理学，也可以由日常的观察可以知道：（1）儿童是好动的，（2）注意不能持久，（3）好奇，好模仿。若要使儿童不像旧时私塾之横被摧残，消极方面应：（1）设法减少室内静坐与多用细筋肉的工作，（2）不用为儿童理解不及的教材，（3）不示以与身心有妨的行动；积极方面，应注意：（1）尽量提倡与实际生活相联而为儿童力所能胜之工作，（2）关于历史地理不易为儿童直接经验所及而又为国民所不可不知之材料，用演剧方法表演之，予他们以具体的印象，（3）对事公正，对人同情，（4）对于社会与国家之重要事项，时时以兴趣的方法演述之，养成其爱国心，（5）时时予以团体的训练，养成其奉公守法、独立自治的精神。

Ⅲ．青年与学生

三十二　青年底心理

青年期年龄较大，知识较充，身体与精神均有急剧的变化，几与儿童及壮年时期判若两人，故青年期又称为人底再生期。据心理学者之研究，青年前期之社会自觉性很强，青年后期之个性很显：儿童时代对于自己虽亦觉识，但对于群的要求不切，青年期不独好与人接近，而因为两性本能成熟，并有异性的要求。此时在知力方面，想像力、推理力、名誉心发达，遇事好追求因果，而且常为自炫心所驱策；在感情方面，同情与妒忌心均极盛，易受外物刺激而为尽量的发舒；在意志方面，责任心大、自信力强。因感情盛，故好恶常有过当之举，因自觉性强，故遇事好为估量，而且好执己见，不愿服从他人；同时对于个人前途，社会事情亦时时虑及而思将来如何立身，如何治事。总括说：青年时期在知识上求知之心甚切，无时不向外求发展，感情上易受刺激而失生活之常态，但亦极富牺牲的精神，意志上由个人中心活动发展为社会中心活动，合群负责，但行为易为感情所影响。

三十三　青年教育的要点

青年为人底再生期，与人生前途的关系很大，教育亦很不容易。但教育者明白青年心理底特点而因势利导之，也可收很大的效果。我们知道青年时期因身心两方面之要求，诸事都向前进，便当积极地引导他向前活动，不可遇事压抑，以养成其反抗的态度与畏缩的习惯。此时期教育上之当注意者有下列诸点：1. 激励自动。青年本好动作，无论教授什么，都可顺其性向予以自动的机会，使之自动研求，现在中等学校的教师上堂讲演，学生堂下静坐的习惯，最少应当革除。2. 注意感情反应。青年感情既盛，其生活大半为感情所支配，有些事情在他本无恶意或者不甚关心，但因他人之激动或教师之不明感情变化，使其情面难堪，竟至发生极大的风波，故教育者之态度应和平诚恳，多予同情以引起信仰，并当时时注意艺术的陶冶，以变化其感情。3. 鉴别个性。青年期自觉心强，自谋心亦强，对于社会上的事情，均取尝试的态度，教育者应随时加以考察，发见其个性之所在，而予以适当的指导，使之少耗时间与无益之试探。此外还有两事为国内主持青年教育者不甚注意的，即两性问题与团体活动。孟子说："食色性也。"两性的要求原是根诸本能来的，而青年期因生理上变化，对于两性要求甚切，也最容易为外物所诱而误用。中国教育者戴"礼教"的面具，对于青年不言两性问题，甚至生理学教科书中不载生殖器，此种讳疾延医的办法，不知坑害多少青年，此事在青年教育上是一很重大的问题，教育者应当根据心理、生理、伦理上的原则予青年以正当的性的知识。团体活动在中国历史上即不甚注意，而近来因为群众运动发生流弊之故，教育者则从而压抑之，不许青年为课外活动，这不独因噎废食，而且要发生其他不良的结果。因为被压抑的感情与意志不得伸张，终当由他种方式表出之。教育者对此只当切实为团体的训练，使其活动遵一定之轨道进行，为国家训练良好公民，为个人养成治事才干。这又是青年教育者所当注意的一个重大问题。

Ⅳ．成人与学生

三十四 成人教育问题

照学制规定，学校学生时代为六岁至二十四岁，在此期内，由学校负教育之责，此后则不问。但实际上二十四岁以后之人在教育上还有两事为我们所不可不注意者，即失学的成人与已受学校教育的成人之继续修学问题。就一般人底见解讲，若果在学校受了正式教育，学问当已有相当的成就，当无继续修学之必要。实则高等学校不是人人所能进，在现在的中国，国民教育尚未曾普及，更何能说到人人受高等教育，则一部分受过初等教育与中等教育在社会上从事职业的人，自不能不继续修学以扩充其能力。即少数受过高等教育者毕业后亦须继续修学：因为大学教育虽优于中等初等教育，但在专门学术上不过是基本的基础，要“肯构肯堂”，还得个人出校后继续不断地努力。无论作何学问与事业，都不是学校时代所能成就，即历史上也不曾有青年时期对于学问与事业上有特殊供献的人。由此可知成人继续修学之重要。所以从广义上讲，人之一生自呱呱堕地以至奄奄就木均可称为学生，无时不当学习；不过儿童期与青年期之可型性（Flexibility）大，特别宜于就学，故由正式学校教育之。受学校教育之成人既当继续修学，则人当视宇宙为一大学校，职业场所为实习场，努力不断的研究，而国家对于此种国民之修学机会如职工保障不使为物质生活压迫，修学设备如图书，实验所等应当尽量供给。此为受过学校教育之成人教育问题。

至于失学之成人更当设法补救，因为人类底生活常因教育程度而发生冲突：例如共和政制之当维护，无谓迷信之当破除，凡受真正学校教育者都莫不以为然，而乡间未进校之村民则不时想望圣明天子出现，更时时崇奉偶像；其他如道德标准，生活习惯，更有许多因袭的见解。这种不进步的见解，固足以阻国家的进步，而因为生活习惯不同，思想差异太远之故，家人父子中常常发生许多无谓的争端而减少人生底乐趣，因而影响及于社会国家者甚大，照现在的情形，中国人口已达四万万四千余万（据一九二二年邮政总局调查），而学生只六百七十余万人，平均须七十人始有一学生，此百分之八十四不受教育之人民，成人当在半数以上，非急谋补救不可。现在已有平民教育之提倡，但平民教育之工作，大半在于使平民认字，认字后之继续修学设备如通俗图书馆、教育馆等更不可不注意。

V. 撮要

1. 学生两字最通俗的意义为学着生存，其特质一为努力学习，二为生活进步；其职责在努力从实际上研求学术与应用学术领导民众为自决的、有效的社会活动，以救国家危亡。换句话说，求学是为救国，救国更要求学。

2. 儿童好活动，但能力薄弱诸事不能自立，故教育当注意实际活动不专重文字教育以养成其奉公守法爱护国家的习惯。

3. 青年感情盛、求知心切、意志较坚，故教育当注意激励自动、适应个性、陶冶感情，并当留意两性教育与团体训练。

4. 在广义上，人之一生都当努力于学术，故国家对于已受学校教育之成人，应设法给与适当机会，使之能继续研究，对于年长失学者更应设法力谋补救。

Ⅵ. 名词释义

廓美纽斯　捷克人（一五九二— 一六七〇），倡自然教育，对教学主张用日用法则，定原则九条，为世所尊。

卢梭　法国人（一七一二— 一七七八），与廓美纽斯同倡自然教育说，而更激烈。著有小说《爱弥儿》（商务有译本）发挥其主张，传于世。

裴斯泰洛齐　瑞士人（一七四六— 一八二七），于一七九八年，设贫民学校亲为教养，最重儿童，著有教育小说 *Leonard and Gertrude* 行世。

佛洛倍尔　德国人（一七七六— 一八四一），首创幼稚园。

Ⅶ. 问题

1. 学生何以要努力学术，应用学术救护国家为职责？用什么方法实现此职责？

2. 现在的学生何以好干预校政，专门从事群众运动？有什么弊端？用何法补救？

3. 儿童与青年之区别何在？述实施儿童教育之方法。

4. 什么是团体？训练团体的方法如何？

5. 成人教育何以重要？一般人何以学校毕业之后即不须继续努力学术？

6. 成人教育之补习方法如何？怎样实施？

Ⅷ. 参考书

1. 余家菊：《教育原理》第二章

2. 郑宗海译：《教育之科学的研究》第十二、第十三章

3. 陈鹤琴：《儿童心理之研究》（商务）

4. 汤子庸译：《青年期心理学》（商务）

5. Watts：*Education for Self Realization and Social Service*，Part Ⅲ

6. Nuun：*Education*：*Its Data and First Frinsiples*，Chapter XV

第五章 教育与教师

Ⅰ．教师底专业

三十五 教师底起源

当生活简单时代，各种事物之知识与社会生活之经验，均可由直接参与或视察以求得之，儿童在家庭与社会中是直接为其一员，与父母长者共同活动。父母本其丰富的经验以为鼓励或谴责，使其子女底行为适合于当时之社会生活，社会上各种习尚亦直接间接影响于儿童底行为而无形加以奖励或禁阻，并无专门的教师，专司教育。后来生活渐繁，父母除养育子女而外，还有许多关于生活上的要事，不能专心指导儿童学习，于是有专门的教师与学校。最初之教师大概为宗教师，对于儿童不过为当时社会所需要之宗教仪式与信条的指示而已，以后更有学问家以其学术传授于人，更进则为现在专业的教师。

教师未成专业以前，负教育之责者，除家庭之父母外，有宗教师、艺士、官吏、学者、贤哲五种人。宗教师兼负教育责任，不独在往古时代如此，欧洲中世纪的教育权，亦几全为基督教士所操，现在的中国教育权亦一部分为外国教士所操；他们虽然对人民施相当之教育，但其目的则在于传播宗教教义。艺士为对于某种技能有特长者，学生之求教于他们，亦只在学其某种特殊技能，欧洲中世纪与现在中国徒弟制之师甫，可称为艺士的教师；他们教授的目的在传习某种生活技艺，方法则一秉其个人之师承与经验。官吏虽不曾直接对人民施教育但国家之成立，必以法制维持人民之间的秩序，官吏则为奉公守法者，消极方面固然根据法律予人民以适当的防闲，积极方面并指导其进行途径，影响于生活者甚大，故亦可称之为广义的教师。学者则系对于某种学问有专门修养，其人不作学校教师，但因性情与思想之相投而收私淑弟子，此种事实，在中国旧社会中是常有的。清朝之门生即私淑之遗意，不过所师者非真正的学者，乃献媚官吏以为进身之阶耳。贤哲在当时为一代伟人，在后世为百世师范，孔孟之于中国思想是也。此五种人虽非学校的正式教师，但对于教育之影响甚大，未有专业的教师以前，他们固曾为国民生活的指导者，有专业教师以后，仍有其固有的影响，故论教师不可不及于他们。

三十六　教师底专业

以上五种人我们可称为广义的教师，专业的教师则为狭义的。二者底区别即前者对于教育之实施为无意的，一切设施均以主观的见解为本，对于社会需要，与受教育者之心理不为详细的研究，惟就个人经验所及定施教育的内容；他们自己既不曾以教师为专门的职业，更不曾受专门的训练。至于专业的教师，第一要以教师为唯一的职业，第二要受过专门的训练，第三对于教育之设施均以客观的教育原理为本。例如商店学徒与初级商业学校学生均可同为十三四岁之青年，同以受商业教育为目的，但掌柜对于学徒只使其直接参与工作，于无形有形之间受商人生活上必具的训练，其施教也固无一定系统计划，亦不详究学生心理，而且教授方式为个别的，收徒与否不一定，亦不因收徒与否在生活上发生问题；学校教师对于学生之教授则一面按照系统计划进行，一面又须以学生心理生理之客观的条件为准，其个人生活更完全建筑于教书之上。此为事实之最显明者，其他学校教师与广义教师之区别亦莫不如此。

教师何以须受专业的训练？因为人类生活虽极复杂，但“人”底本质却彼此相同，无论在精神上或身体上都有共通的原则，此种原则虽亦可为多数人所了解，但实现此种原则，却非有专门的研究不可；而且人类社会中之生存的知识与技能有基本相同之点，一国国民更有其公共理想、公共生活习惯，其理想与习惯之传播与保守，亦需相当的研究，均有专门训练之必要。实施此种专门训练的机关就是师范学校。

师范学校现在虽已普遍于世界各文明国，但它底历史至今不过百余年。一七九四年法国巴黎始设修业期五个月之师范学校（Écolenormale）养成各地开办师范学校之人材；一八三三年英国洛必克（Roebuck）倡议师范学校之重要，一八三九年始设全国师范学校招收贫苦学生予以宗教及道德训练，以养成其他日教学的能力；美国先负训练教师之责者为古典学校（Academy），一八三四年纽约省始以公费设立师范学校。中国在历史上素不注意于教师的专门训练，故师范学校底历史更短。光绪二十三年，盛宣怀在上海设南洋公学，首创师范，为师范教育之始；光绪二十四年京师大学堂成立亦分设师范斋，但学制系统上正式有师范学校的地位，以光绪二十四年张百熙、荣庆、张之洞之奏定学堂章程为始，嗣后虽有变更，但设学宗旨大概与当时无异，即中等师范学校以培养小学教师为宗旨，师范大学以培养中等学校教师为宗旨。

师范学校以养成小学及中学教师为宗旨，故科目除公民常识与专科（即师范生毕业后所拟担任之教科科目：如师范大学之国文科，高级师范之艺术科）外，特别注重教育科目，教育原理、教育史、教学法、教育心理学等均为师范学校之公同必习科目；修学年限，如现在学制所规定者，师范大学四年，中等师范六年；此外并有一、二、三年相当年期之师范科，均收高级小学毕业生。

Ⅱ．教师底资格

三十七　法制上的资格

师范学校既以养成中小学教师为目的，而且师范生均系公费，实系国家底特殊事业，故师范生毕业后即须在中小学服务以酬答国家。照现在法制上所规定：1. 在前期或相当年期之师范学校师范讲习科毕业或经检定及格者，可为初级小学教员；2. 在后期师范学校毕业或经检定及格者可为高级小学教员；3. 在职业教员养成科毕业者，得为职业学校教员；4. 在师范大学毕业或留学国外高等师范或大学毕业者得为中等学校教员；5. 在外国大学毕业或学有专长者得为大学及专门学校教员。但实际上小学教师不尽为师范学校毕业或受检定者，而有一部分以至大部分为乡绅；中等学校教师亦多非师范大学毕业而有许多系其他学校毕业与旧绅士——亦有一些留学生——大学教员大概以留学生为本位，但学有专长者亦非少数。不过因中国社会上各种事业不发达，与学生之偷惰无创造力，无论国内国外各校毕业生多趋于教师一途，遂致专门以养成教师为目的之师范学校毕业生无务可服，转入别途，而教育界反充满学机械毕业之教育厅长，学工程师的英文教师，乡绅学究的把持，更是内地很普通的现象。这实是中国教育界的重大问题。

三十八　学行上的资格

教师在法制上资格虽然很重要，但还不及学行上的资格。第一，因为教育之实施以人格感化为要件，倘使教师底学行不足引起学生底信仰，就是法制上的资格完备或且超过，亦不能安于其事；第二，教师之被人尊视与职业上之升迁，并不完全以法制上的资格为限，只要学有专长，德足服人，小学教师可以迁为大学教师，也可以集众讲学，发挥其适合社会需要之主张，以改造社会及国家。而且法制上的资格，常为个人境遇所限不能自由取得，学行上的资格，则权操于己，可以由修养而得之。故欲为教师者，于法制上资格之获得外，更应特别注意于学行资格的进取。

要有怎样的学行才可作教师？详细情形我已另有专册论及，这里只就重要条件说之。因为教师是负传播旧文化创造新生活责任的人，所以知识要充分，行为要光明。知识充分与行为光明底内容，也许人各一说而发生相反的现象，此处只就我个人底见解言之。

教师要指导青年与儿童学习应当学习的事物，最少他先当明白各种事物底价值，即何者当学，何者不当学，所以他第一当有丰富的人生常识；凡与人生有关之普通常识如斯宾塞尔（Spencer）所举之完全生活必须的知识均当知道。其次他要教导学生怎样学习，所以应当知道教授与学习的普通原理，即对于教育学科如教育原理、教育史、教学法、教育心理学等不可不有相当的研究。第三他要处理教育事业上之业务，故当知教育行政，教育统计各种科学。至他所担任之教授科目，当有精深而周遍的研究，那是更不待说的。以上所举的学识虽似很简单，但范围很广，怎样去研究，第十章将再述及。我们所当留意者，教师之职责很大，决不是无专门研究的所能胜任的。

行为上要具什么条件方可以做教师？更是一重要而难解决的问题。教师一方面要指导他人，一方面又要研究学术，所负的责任很大，身体之当强健，自不待言；不过这是担任一切事业人员之要件，故不列为教师资格的专修。教师在行为上最宜具的要件为性情温厚，理想丰富，人格高尚。社会各种事业大半以事为对象，而教育事业则以人为对象：教师任职之目的固然在培植人材，而实际上旦夕相处者均为天真烂熳之儿童或青年。他们底言动常以教师为模范，无论何时，均可受教师底影响。教师欲了解学生底个性及得其信仰，不可不有蔼然可亲的态度与之接近。而欲蔼然可亲，非有同情、谦逊、活泼、果决之心性不可。故性情温厚底内容，可以同情、逊谦、活泼、果决括之。教师之性情温厚，学生见其易与，又很易引起狎玩的反应，所以又当有高尚的人格以副之。所谓高尚人格，即行事光明，待人诚实。教师之职责固然在指导学生，但宇宙事象甚繁，一人见闻有限，教师在学识与行为上虽当勉求其胜人，但决不能事事胜人，不及人者毅然承之，取人之长以补己短，不独学行有进步，学生亦从而感化之，信赖之，韩愈所谓“弟子不必不如师，师不必贤于弟子，闻道有先后，术业有专攻如此而已”，《学记》所谓“教学相长”，实教师应有之态度，固不必强不知以为知，以诈相尚，使学生从而效之，养成不良的习惯。至于理想丰富，其内容可以自强不息四字释之：人类是进化的，教师负改进社会的责任，更不可不求进步。要求进步，第一当对于现实常怀不满足的态度，第二要高超理想，第三要从各方面研究实行改进的方法，第四要有实现理想的坚毅意志。所谓理想是有根据、有计划、有目的，用相当的努力便可使之实现，决不是无谓的空想。中国教育之当改造者甚多，而教育理想家却甚少，教育者近可大大努力。

Ⅲ. 教师底职责

三十九 对于学生的职责

教师到底是做什么的？对于社会国家负些什么责任？中国教育

社会上不曾有确切的规定，就一般理论讲，可以分为对学生与对社会国家底两种责任说明之。

韩愈说："古之学者必有师，师者所以传道、授业、解惑也。"传道、授业、解惑可以说是教师对于学生的基本责任。学生入校从师之目的在于习得生活的技能以为他日独立生活之本，而因为年龄与知识的种种关系，对于各种知识与技能底价值不能为确切的判断，所惑甚多，不得不望教师为之指导抉择，这是解惑之一义。学习的对象决定了，在学习进程中不知要遇若干疑难，亦不得不望教师为之解譬，此为解惑之第二义。学校课程而外，其他自然界人事界各种现象之不易了解者更随处皆是，也须教师为之指示，此解惑之第三义。不过解惑是消极的指导，同时应当注意授业与传道两事。授业即生活技能之传授，无论何人，也无论在何种社会制度之下，必得工作而后始有生存的权利。工作无论属于精神的或身体的，都需相当的技能，也需相当的训练，这种技能的传授，亦有赖于教师。现在的学校制度将生活与教育析为两途，加以"士人不治生产"的社会遗传深入人心，学校教育更完全为与实际生活无关的奢侈品。除了很少数的职工学校外，大概都不注意于学生底生活技能，教师之良者不过为知识之传授，既无适当之生活技能相传，更不问学生出校后之生存方法如何，所以酿成"教育愈发达"，游民愈多的现象。这是中国现在教育上的急切问题，更是教师所当努力改进者。传道若用今语释之，可谓为人格的培养。知识与技能固然重要，人格之培养尤为重要：倘若只有生存之知识与技能，而无合群独立诸德性以辅之，很易走入邪路而为社会之蠹。教师既受国家与家庭之付托而代为教育其国民与子女，则凡关于国民与子女应具之德性，不可不用适当的方法陶铸之。此外如身体之养护（儿童时代尤当注意），职业之选择，教师亦应本科学的原则为相当的指导。总之，父母相信教师而将子女遣之入学，国家设立学校而延教师主持教育，教师所得的信赖，已非常人可比，对于学生自应当尽其能力辅育成材，决不可以课内之功课讲授为限，也不应以在校的时间为限。中国成语说："一日为师，终身为父"，固然过于重视教师之地位，但教师自处，却当以一日相教终身为友之态度出之。

四十　对于国家及社会的职责

教师在中国历史上素被重视，《书经》说"作之君、作之师"，《学记》说"能为师然后能为长，能为长然后能为君"，均以君师并称，而师对于国家最重要的责任，在于化民成俗。照现在的理论，教师对于国家应负：（1）传播建国理想于国民，（2）以身作则引导人民实现此建国理想，（3）指导国民改进建国理想。我们知道，无论何种国家，必有其建国的理想，必得此理想共通于全体国民，始可进行无阻，负传播之责者当首推教师，因为教师直接与国民共生活，而其人数又较其他任何精神工作者为多。倘使教育者认定某种建国理想为应普及于一般人民，即不难在学校中实施教育时传达于学生，使一切人民均直接间接了解，日本之武士道精神为一切日本人所崇尚，即教师传播之力。徒有建国理想，而不实现此理想，虽有亦等于无，而实现此种理想以教师底力量为最大。君子之德风，小人之德草，草上之风必偃，是中国士人常以况执政者构成社会风俗之势力。实则执政者之力量还不及教师，因为教师旦夕与纯洁之青年及儿童相处，果教师而能尊崇建国理想，身体力行，则学生无形为其陶铸而随之为建国理想之实现者。教师受国家与社会之重托，亦应当如此实行。此教师对于国家之第二种责任。我们常常说“宇宙是变动的，人生是进化的”，无论何种建国理想，都受时与地之限制，决不能垂诸万世而皆准，故又当根据世界潮流，社会需要随时改进其理想。不过改进要以国情为根据，不是泛滥的幻想，更不是冒然的稗贩，而教师与人民最为接近，对于社会之需要最易考察，世界的大势较为明了，可本其观察与研究所得发为改进的呼声，以提醒民众，引起同情，而实行政订建国方针。所以建国理想之改建，也以教师所负的责任为最大，而且收效也最速，中华民国之改建即其实例。此为教师对于国家的第三种责任。

教师对于社会的责任可分为传衍文化与创造文化。人类是社会的动物，精神的遗产最多，此遗产之保存与传布，大半赖教师，因为教师底职务在教育学生使之成材，而教育所用之材料，即此已往的精神遗产及现在的社会现象与自然现象，教师能了解其内容而加以选择传授于学生，所以教师实为最宜于负传衍社会文化者。不过只有守成而无开创，已往的文化固不尽适于此时此地，即能相适，亦将因年代久远展转流传而丧失殆尽。教师为国民先觉，应负开创之责以适应现在而启发未来，此为教师对于社会最重要的责任。

教师既受社会国家之重托，故其责任綦重。现为教师与欲为教师者对此不可不加意，倘只视为生活之道而就业教育，则去本旨远了，恐怕不是社会国家所期望的！

Ⅳ．撮要

1. 学校教师是因社会组织复杂，父母不能专理儿童教育而起；除学校教师外尚有宗教师、艺士、官吏、学者、圣哲五种人之广义的教师。

2. 因教育事业底重要而复杂，故有专业的教师。专门训练教师的机关为师范学校；师范学校之历史，在西洋只百余年，中国只三十余年。

3. 教师底资格有二：一为法制上的资格，即法令上所规定的资格；一为学行上的资格，即教师应有的学识与行为。二者以后者为更重要。

4. 教师对于学生当负的责任为传道、授业、解惑；对于国家当负的责任为传播，实现及改进建国理想；对于社会当负的责任为传衍及创造文化。

Ⅴ. 名词释义

门生　汉人称亲授业者为弟子，转相受者为门生；清时士人慕达官之威势，自上拜帖称门生执弟子礼，并不重学业之传授。

韩愈　唐朝人，以拒佛法倡儒教为职志，文章成一家言，世称韩文，为后世所宗。诗文由其门人李汉编为《昌黎先生集》，至今为治古文者所常读。本篇所引，见其所著之论文《师说》。

武士道　日本谓武士所当履行之道德，即重节义，轻生死，排除怯懦贪欲，为君父牺牲其身家。

Ⅵ. 问题

1. 教师何以要受专业训练？师范教育当独立吗？

2. 详述中国师范学校历史（参看《近代中国师范教育史》）。

3. 教师底学行资格何以特别重要？修养的方法如何？

4. 详述中国教育法制规定的教师资格（参阅《教育法会》）。

5. 取《师说》细读之，述其读后感想。

6. 中国建国的理想如何？应当如何？

7. 怎样创造文化？

8. 你如做教师，对于学生及社会国家拟负何种责任？

Ⅶ. 参考书

1. 郑宗海，俞子夷译：《人生教育》第六章

2. 郑宗海译：《教育之科学的研究》第二十三章

3. 郑萃英：《师范教育研究》（《平民教育周刊》第六十六、第六十七合刊，北京师范大学出版）

4. 舒新城：《近代中国师范教育史》（《中华教育界》第十五卷第十一期）

5. 余家菊：《国家主义教育学》第十二篇

第六章 教育与课程

Ⅰ．课程底起源

四十一　课程底意义

《诗经》说：“奕奕寝庙，君子作之。”注疏说“教护课程必君子作之，乃得依法制”，课程两字已早见于中国经典。从字义讲，课、计也，程、式也，合之为定式授事。故凡有定式而可以试验稽核的，均可称作课程。此两字在英文为Curriculum，从拉丁文得来，义为民族经验（Race-course），表示幼年必须经历的事情。现在教育上所称为课程，是指各学校中系统排列的普遍科目。

有些人把课程与功课混为一事，实则二者有很大的区别。课程是根据教育政策所规定之论理的、全备的、统一的科目，这些科目通行于同性质的全国学校，内容概略，教学目的也都有最低限度的规定，而为全国所当遵行。至此种科目之排列方法，教授程序如何则完全不问。功课则为一校实行课程的计划，注重在排列与教授，虽然课程中规定的纲目当切实遵守，但细节却可以因各校的特殊情形而变更。例如初级小学课程规定国语占百分之三十，算术体育各占百分之十，社会占百分之二十，自然园艺占百分之十，音乐艺术占百分之十八，而不及各校实际授课时的排列方法；在课程标准纲要中只规定最低限度的内容与教授要旨，而不及每月每周的细目与教学程序。若各校功课则对于各科之排列及内容细目教学程序均有详细的计划。这是二者最显明的区别。

因为现在一般学校最重要的事情为上课，而上课的重要任务在教书与读书，于是一般人便以为课程底内容只是些书本的知识。书本的知识在课程中诚然有相当的重要，但课程决不只此而已，这有两种意思：一是课程不仅以知识为限，应及于锻行为、强身体、陶感情、练组织的德育、体育、美育、群育各事，一则课程为达教育目的之一种工具，教育目的又因人类生活底变迁而变迁，则生活变迁历程中之种种活知识也应为课程所容纳。所以课程不只是已成的固定知识，而是改进人类生活各部分的重要事项。

四十二　课程底发展及变迁

课程是人类生活缩形的代表，所以发展与变迁均以社会需要与心理要求为转移。初民时代的教育，只有生活的直接参加，当然无分科的课程，但心意的活动却自始即有感情、知识、意志等之区别，不过因往昔文字未发达。发表的工具不完备，及社会生活简单，分科需要不切的种种原因，所以一切教育的活动都是综合的、整统的。后来社会生活渐趋复杂，需要应付的知识与技能渐多，于是分科的课程始以心理要求，社会需要而产生。希腊往古强盛时代，斯巴达与雅典因自然环境的差异，生活上有尚武尚文的要求，斯巴达底课程专重体育与德育，智育与美育的课程几付阙如；雅典则特重理智之发育与美感之陶冶，故于体育重姿态之优美，于音乐重韵节之和谐，罗马社会务实际，以履行义务享受权利为其理想，故课程注重传记与法律条规。中世纪初期欧洲各国承希腊罗马之遗风与社会生活需要，而有七艺（Seven Arts）的课程，其最注重者为文法与音乐两科。近世科学发达，课程的门类极其复杂，而国语、算学、史地、理科、体育、音乐等几为各国小学一致的必修科。再以中国言，海通以前，士人所习的科目无非是些经典与诗词。明清以八股取士，士人之有志进取意图服务国家者，莫不精研《四书五经》与制艺帖括；而志在略识文字以便治生者则又专重《百家姓》《千字文》等。

清朝变法而后，学校课程仿照日本与西洋，而有种种科学，但因初改学校，一般人对于尊经的旧观念不能去除，于是小学亦以《读经》为必修科，而专为训练忠孝的《圣谕广训》亦为各校的公共科目。民国成立，《圣谕广训》固然根本取消，读经一事，虽然在十五年中经过几次波折忽兴忽灭，但社会上至今却不曾迷信读经，强迫中小学生必习，故读经科目不存在于学校之内。由此可以知道课程是变动的不是固定的；其变迁的要件完全以社会生活的情形为转移。

四十三　中国现行的课程

中国自光绪二十八年张百熙奏定学堂章程以来，学制系统的改革已有四次，每次革改，各级学校的课程也因而大变动。课程变迁的详细情形，这里不能详说，惟有一条总原则可以贯通各时期，即课程底范围逐渐推广，而课程底内容逐渐与社会生活接近。你们初学教育，最当知道的是现在的情形，故将一九二二年颁布之新学制课程录后！

第三表

小学课程

<table>
<tr><th colspan="2" rowspan="2">学科目</th><th colspan="4">国语</th><th rowspan="2">算术</th><th rowspan="2">卫生</th><th rowspan="2">公民</th><th rowspan="2">历史</th><th rowspan="2">地理</th><th rowspan="2">自然</th><th rowspan="2">园艺</th><th rowspan="2">工用艺术</th><th rowspan="2">形象艺术</th><th rowspan="2">音乐</th><th rowspan="2">体育</th></tr>
<tr><th>语言</th><th>读文</th><th>作文</th><th>写字</th></tr>
<tr><td rowspan="2">百分比</td><td>初级小学</td><td colspan="4">30</td><td rowspan="2">10</td><td colspan="4">社会 20</td><td colspan="2">12</td><td rowspan="2">7</td><td rowspan="2">5</td><td rowspan="2">6</td><td rowspan="2">10</td></tr>
<tr><td>高级小学</td><td>6</td><td>12</td><td>8</td><td>4</td><td>4</td><td>4</td><td>6</td><td>6</td><td>8</td><td>4</td></tr>
</table>

第四表

初中必修课程

学科	社会科			言文科		算学科	自然科	艺术科			体育科		共计
	公民	历史	地理	国语	外国语			图画	手工	音乐	生理卫生	体育	
学分	6	8	8	32	36	30	16	12			4	12	164

小学校授课以分数计，初级前二年每周一〇八〇分钟，后二年至少一二六〇分钟，高级至少一四四〇分钟。乡村小学各科，不能

独设，得酌量合并，但国语、算术之授课分数不得减少。

初级中学授课以学分计：每半年度每周上课一小时为一学分，但无须课外预备，自修或预备自修时间较少者应酌量折算。初中毕业须修满一百八十学分，除第四表之必修科一百六十四学分外，所余学分得选他种科目或补习必修科目。

第五表

高中普通科第一组课程

<table>
<tr><th colspan="3">科目</th><th>学分</th></tr>
<tr><td rowspan="10">一、公共必修的</td><td colspan="2">1. 国语</td><td>16</td></tr>
<tr><td colspan="2">2. 外国语</td><td>16</td></tr>
<tr><td colspan="2">3. 人生哲学</td><td>4</td></tr>
<tr><td colspan="2">4. 社会问题</td><td>6</td></tr>
<tr><td colspan="2">5. 文化史</td><td>9</td></tr>
<tr><td colspan="2">6. 科学概论</td><td>6</td></tr>
<tr><td colspan="2">7. 体育：</td><td>10</td></tr>
<tr><td colspan="2">（甲）卫生法</td><td></td></tr>
<tr><td colspan="2">（乙）健身法</td><td></td></tr>
<tr><td colspan="2">（丙）其他运动</td><td></td></tr>
<tr><td rowspan="6">二、分科专修的</td><td rowspan="5">1. 必修的</td><td>1. 特设国文</td><td>8</td></tr>
<tr><td>2. 心理学初步</td><td>3</td></tr>
<tr><td>3. 论理学初步</td><td>3</td></tr>
<tr><td>4. 社会科学之一种</td><td>4（全少）</td></tr>
<tr><td>5. 自然科学之一种</td><td>6（至少）</td></tr>
<tr><td>2. 选修的</td><td></td><td>32（或更多）</td></tr>
<tr><td colspan="3">三、纯粹选修的</td><td>30（或更少）</td></tr>
<tr><td colspan="3">毕业学分总额</td><td>156</td></tr>
</table>

第六表

高中普通科第二组课程

<table>
<tr><td colspan="3">科目</td><td>学分</td></tr>
<tr><td rowspan="7">一、公共必修的</td><td colspan="2">1. 国语</td><td>16</td></tr>
<tr><td colspan="2">2. 外国语</td><td>16</td></tr>
<tr><td colspan="2">3. 人生哲学</td><td>4</td></tr>
<tr><td colspan="2">4. 社会问题</td><td>6</td></tr>
<tr><td colspan="2">5. 文化史</td><td>6</td></tr>
<tr><td colspan="2">6. 科学概论</td><td>6</td></tr>
<tr><td colspan="2">7. 体育（同第一组）</td><td>10</td></tr>
<tr><td rowspan="7">二、分科专修的</td><td rowspan="7">1. 必修的
2. 选修的</td><td>1. 三角</td><td>3</td></tr>
<tr><td>2. 高中几何</td><td>6</td></tr>
<tr><td>3. 高中代数</td><td>6</td></tr>
<tr><td>4. 解析几何大意</td><td>3</td></tr>
<tr><td>5. 用器画</td><td>4</td></tr>
<tr><td>6. 物理、化学、生物选习，两项每项六学分</td><td>12（至少）</td></tr>
<tr><td></td><td>23（或更多）</td></tr>
<tr><td colspan="3">三、纯粹选修的</td><td>30（或更少）</td></tr>
<tr><td colspan="3">毕业学分总额</td><td>150</td></tr>
</table>

高中普通科系为升学预备，但亦得按地方情形临时加关于家事、图书馆管理、新闻业、书记业、统计业、学校实验室及工厂办事助否等项为选修科目，以谋不升学者职业上之便科。学分计算方法同初中，各项选修科目由各校按地方情形酌定。

第七表

六年师范学校课程

科目		学年	1		2		3		4		5		6	
		学期 学生	一	二	三	四	五	六	七	八	九	十	十一	十二
社会科	公民	6	1	1	1	1	1	1						
	历史	14	2	2	2	2	3	3						
	地理	14	2	2	2	2	3	3						
	人生哲学	4											2	2
	社会问题	6									3	3		
言文科	国语	54	5	5	5	5	5	5	4	4	4	4	4	4
	外国语	52	6	6	6	6	4	4	4	4	3	3	3	3
算学科	算术	12	5	5										
	珠算		1	1										
	代数	8			5	3								
	几何	5					5							
	几何（立体）	2						2						
	三角（平）	3							3					
自然科	混合理科	16	4	4	4	4								
	生物学	6							3	3				
	化学	6									3	3		
	物理	6											3	3
艺术科	手工	8	2	2	2	2	2	2	2	2	2	2	2	2
	图画	8												
	音乐	8												
体育科	体育	22	2	2	2	2	2	2	2	2	2	2	1	1
	生理卫生	4					2	2						

续表

科目（学年/学期/学生）			1		2		3		4		5		6	
			一	二	三	四	五	六	七	八	九	十	十一	十二
教育科	教育入门	4				2	2							
	心理学入门	2						2						
	教育心理学	3							3					
	教学法	8							2	3	3			
	小学校行政	3										3		
	教育测验及统计	3										3		
	小学各科教材研究	6								3	3			
	职业教育概论	3											3	
	教育原理	3												3
	教育实习	20							2	3	3	3	4	5
必修学分		319	30	30	29	29	29	26	25	24	26	26	22	23
选修学分		11												
共计		330												

师范学校学分计算法，仍以每半年度每周上课一小时为一学分，但艺术及体育二门须每上课两小学作一学分。选修学分反少于初中者，因此课程系专为设备较简、班次较少，不能多设选科之师范学校而订。

三年制师范以造就初级小学教员为目的，招收旧制高小与新制六年小学毕业及小学教员为学生。学分计算法同上。

第八表

三年制师范课程

第一学期		第二学期		第三学期	
教育入门	2	教育心理学	4	普通教学法	2
心理学入门	2	国语	6	各科教学法	2
国语	6	公民	1	实习	2
公民	1	史地	4	国语	6
史地	4	算学	5	公民	2
算学	5	自然	6	史地	4
自然	6	艺术	2.5	算学	2
艺术	2.5	体育	1.5	自然	6
体育	1.5			艺术	2.5
				体育	1.5
共计	30	共计	30	共计	30
第四学期		第五学期		第六学期	
各科教学法	2	实习	3	实习	5
测验法	2	小学校行政	3	小学课程标准	2
实习	2	国语	6	教育原理	3
国语	6	社会	4	国语	6
史地	4	算学	5	市乡社会研究	2
算学	5	自然	5	算学	3
自然	5	艺术	2.5	自然	5
艺术	2.5	体育	1.5	艺术	2.5
体育	1.5			体育	1.5
共计	30	共计	30	共计	30

第九表

二年制师范课程

第一学期		第二学期		第三学期		第四学期	
教育入门	2	普通教学法	2	各科教学法	2	教育原理	3
心理学入门	2	各科教学法	2	实习	3	实习	5
国语	6	国语	6	小学校行政	3	国语	6
公民	1	公民	1	国语	6	市乡社会研究	2
史地	5	史地	5	社会	4	算学	4
算学	4	算学	4	算学	4	自然	6
自然	6	自然	6	自然	4	艺术	2.5
艺术	2.5	艺术	2.5	艺术	2.5	体育	1.5
体育	1.5	体育	1.5	体育	1.5		
共计	30	共计	30	共计	30	共计	20

第十表

一年制师范课程

第一学期		第二学期	
教育入门	2	小学校行政	4
普通教学法	2		
心理学	3	教育原理	3
国语教学法	2	国语教材研究及教学实习	4
国语教学补习	2		
社会教学法	2	自然教材研究及教学实习	4
社会教学补习	2		
算术教学法	2	社会教材研究及教学实习	4
算数教学补习	2		
自然教学法	2	算术教材研究及教学实习	4
自然教学补习	2		
艺术教学法	2	艺术教材研究及教学实习	4
艺术教学补习	2		

续表

第一学期		第二学期	
体育	3	体育	3
共计	30	共计	30

二年制与一年制师范，亦以养成初级小学教员为目的，一年师范收初中三年毕业与曾充小学教员而有相当学力者为学生，二年师范收与旧制高小毕业学生相等与小学教员为学生。学分计算法同上。

其他职业课程，因为学制系统之旁支不具录。

Ⅱ．课程底功用

四十四　保存社会文化

课程是达教育目的之一种工具，本身不能独立，但它却有其特殊的功用：第一为保存社会文化，第二为予学生以系统的训练增进生活的效率。兹先说第一种功用。

教育底目的原在改进人生，凡有益于人生的事实均可取为材料。不过自然界人事界的事象太多，不能一一取以为用，而人类现在的生活均为历史传衍而来，历史上可宝贵的东西，亦不能一一取以为用，于是不能不本教育目的所厘定的标准，对于往事与现势加以选择编入课程之中，使青年知社会文化上种种要事，藉以传衍于未来。

因为人类生存的时间有限，所占的空间亦有限，而现代交通便利，生活复杂，虽远隔数万里的事变，远在数千年前的史实都可以与现在生活发生关系。例如，孔孟底学说，在时间上相去已数千年，但现在中国人民多数的行为与思想至今还有形无形之间受其支配；共产革命的俄罗斯离中国亦数万里，然而其影响却及于中国内政乃至于一般人民底生活。因此课程底功用虽在保持社会文化，而社会文化底范围却至难确定，主张尊孔者以为中国历史上最重要的文化在孔子底学说，而尊墨者则反之；主张共产者以为现在社会上最重要的文化是赤俄共产革命，而主张其他主义者反之。所以课程应保持之社会文化底内容应以教育目的为依归。今日的中国，内既迫于军匪之横行，外更屈于强邻之压逼，人民生活困苦不堪，国家亦将灭亡。教育最重要的责任在使国家独立以谋世界和平，所以社会文化底范围第一要有利于国家，第二要不妨世界的平和。课程底内容也当本此准则以实现其功用。

四十五　予学生以系统的训练

初民时代的教育无所谓特定的课程，现在的家庭教育也无系统的课程，然而初民曾生活下去了，就是现在不进学校的人也还可以生活。不过这种生活过于简单，一方面足以减少人生底愉快，他方面亦难于应付复杂的社会。学校底课程，则根据教育目的，对于学生生活的需要为全盘的筹算，设定若干科目，使之按部就班地学习。这些科目虽然不一定能适应各个学生底需要，但就社会需要与国民生活的要件讲却是不可少的。例如，中国国民都当明白中国语言文字，而且当有相当的使用技能，所以小学校国语科最为重要（日本为朝鲜人所设之学校便只有日语无朝鲜语，目的在使朝鲜人化为日本国民），其他各科亦如此。从事实上讲，小学儿童所习的国语、算术、社会、自然各种科目，在他们当时的生活上并无必然的需要，学校一定要他们学习是鉴于社会生活的实际需要，一切国民在职业上或公民活动上均用那些知识，所以要他们在学校受系统的训练，便其将来在社会上应用时能取携自如。其他如中学、大学之课程虽不尽与日常生活有直接的关系，而注意于学术的研究，但予学生以系统训练之功用则一。

Ⅲ．课程底组织

四十六　课程组织的原则

课程为达教育的一种工具，而以社会需要为变迁的标准，所以组织课程的第一原则要以训练实际生活为基础。讲到生活两字，一般人常误为专指物质生活，实则仅有物质生活不得为人——是物的生活——仅有精神生活亦不得为人——是神的生活。这里所谓生活，是合精神与物质两方面而言，故训练实际生活系训练精神与物质两方面的生活。例如，生产的能力为人类不可少的技艺，处今日各种产业不发达的中国，国民独立生活的能力尤其重要，故学校课程当首先注意于应用技能之训练。又国民对于国家的责任与奉公守法的习惯，捍卫国家的精神，在此时的中国极其重要，故学校课程当注意于爱国精神之培养。再如，个人不能离社会而独立，国家亦不能离世界而孤立，故学校课程当注意于社会常识与国际同情之养成。此为课程组织当注意的第一事。

其次当注意学生能力与个性。有许多科目虽然其本身极有价值，但学生因年龄上或学习时间上的关系不能学习，例如，高等数学在锻炼思想与研究自然科学均有很大的效用，但中等以下学生却无能力研究此种科目；又如，词曲在陶冶感情上亦有很大的价值，但小学生却无时间习此。故学校课程不得不以学生能力为标准以定科目的繁简。国民底生活虽然有公共的需要，应当规定公共的必修科目但亦有个人底个性当满足，所以于中等以上学校于公共课程之外另有选科的规定。小学儿童也与中等以上学生一样有个别的个性当设法满足，但因他们年龄幼稚，在校时间甚短，个性既不如中等以上学生那样显著，而人生的基本知识又不当为选择的学习，所以小学在课程上无选科的规定，但各科底分量则可由教师按照学生能力与其特殊倾向为相当之伸缩。此为课程组织的第二原则。

四十七　厘订课程标准的方法

组织课程的原则虽然可以支配课程底内容，但原则是抽象的理论，实际应用起来，还得有具体的标准。厘订具体标准的方法，第一是调查社会需要，第二是调查学生成绩，第三是研究历史衍嬗。课程要以社会需要为根据，始能显其功用，但所谓社会需要不只是专凭教育者主观为判断，应以客观的事实为根据。求得事实的根据又可有下列几种方法：第一本教育者底观察列为问题，制成调查表分发各种职业界的领袖与学生底家长，请其发表意见；第二从报纸杂志的言论研究一般人无意之间发表的意见，归纳为若干条件；第三从实际社会生活中研究其应改革与应保存的事项。再将各方面所得的结果汇列起来制成条目以为制订课程的目标，社会需要虽然可由调查而明白；但根据此需要制订的课程是否为学生能力所能胜任，非以学生底成绩为根据不可。倘使学生对于预定的课程标准不能达到，即在质上不能更改，量上亦当减轻；恰合则继续保持，有余则增加。有些科目虽然在社会生活上不见其需要，在学生能力上亦不见得能适合—— 如西洋之于拉丁文，中国之于《读经》—— 一旦要改革它又每至引起社会的反对，甚至于发生极大的阻力，废弃全功。但问持反对论者何以要如此维护，其理由大半是从前如此；再问从前何以如此，大概是不能再答复的。这完全是历史的习惯性在背后支配一切，所以要使课程的改革顺利进行，对于这种习惯性不可不为相当的研究，洞彻其症结之所在，先设法去其障碍，然后切实进行。

四十八　教材底选择与排列

课程科目既经规定大纲，便当选择材料以实其内容。从广义讲，宇宙间一切现象均可取为教材，但学者底时间有限，决不能兼收并蓄，所以教材选择最重要的原则是比较价值。因为教材底内容以教育目的为转移，故价值非绝对的而是相对的，即判断价值的标准，视其能否达教育目的与达目的之效率大小以为衡。例如，骈文在文学上有其不可磨灭的价值，但国民教育不以养成文学专家为目的，故骈文在小学教材中无地位。又如，文言文与国语文在现在的社会均很通行，但国语文之学习与发表均较文言文便利，二者虽都可达传达思想的教育目的，但为效率计，宁可弃文言文而采国语文。这不过一例而已，其他各科之选择教材均可利用此原则。至于选择教材要适合社会需要与学生需要，已在四十六节中说及，不再赘述。

教材选定之后应当为适当之排列，使其效用显著。排列的方法可有四种，即（1）归纳的排列；（2）演绎的排列；（3）问题的排列；（4）设计的排列。归纳的排列，是先列举具体的事实，使学生了解，然后再从事实中抽出原则，以应用于其他类似问题。演绎的排列法与此相反，先原则后事例。此二种排列法较适宜于数学、文法及物理、化学等，至何时宜用演绎法，何时宜用归纳法，则视学生底基本知识而定。倘学生对于某科为初学则宜先事例后原则使其观念精确，若有良好的基本知识，则宜先原则后事例，以节省时间。问题的排列法，即以问题为中心，连类及之，很宜于社会、史地等科；设计的排列法，亦以设计的单元为中心，不过范围更广，有时可将所有的课程编为一种设计，而且注意于实际的活动，很宜于公民、手工、语言、家事等科。普泛说来，任何科目都可采用四种排列法之任何一种，如何使用，全在教师底自决。

Ⅳ．课程与教育

四十九　课程底改选

课程在教育中诚然很重要，然而其本身决不就是教育。某学校底课程在论理系统上或特殊应用上极其完备，但不能说某校所施的教育即是良好的教育。甚且因为过于注重课程而忽略教育目的之故，课程组织愈完备者，教育反而愈不良。日本人在南满设立的学校，其课程未尝不井井有条，但因其特别注意于殖民化，中国国民在那些学校受教多年亦与国家无关，而不能谓之受教育。所以课程为教育的工具，其本身非教育的观念，我们应当明白了解，庶不致混为一事。

课程底组织，虽然以适应社会需要与学生能力及个性为原则，但实际上却不能完全适合。最大的原因，是社会与个人时时变迁，当制定课程标准时，虽然注意于实际调查，等到调查结果发达，社会各种情形，又已发生变动，个人能力与个性也有改变，而课程底内容，又以文字的知识居最大部，文字的记述，无论如何，都不能恰合实际情形，而无缺憾，教育者所视为最重要的材料，实际上或已不甚需要。所以课程无论怎样经过严密的研究而后规定，终当因生活的变迁而变迁。故任何学校的课程，都当时时力求改进，在不能达到最完善的途中，求实现较完善的希望。

五十 对于现行课程的批评

中国现行课程纲要，至一九二五年，始有大体的规定，为时未几，又言改革，不是过于好言变动吗？在原则上课程固当时时改进，但中国现行课程之当改革更有其他原因，此原因之最重要者：第一无统一的理想，第二无严密的标准。一九二二年公布之新学制系统，除几条学制标准外，始终不及教育目的。照一九一九年教育调查会拟定批准的“发展健全人格，养成共和精神”的宗旨，则纯系一种教育学说，根本与中国教育宗旨无关系。课程纲要虽然经若干所谓学者规定，但各种科目与各级课程均无一贯的宗旨互相灌注，所以课程底内容也漫无系统。这是当特别改进之第一点。国家教育既无确切的宗旨，而课程纲要又不以客观的事实为根据，小学与中学的课程标准，既然过于匆率（编者亦为参加人之一）而有偏于一地之嫌（江浙部分），师范课程纲要经过的时间虽然较久，但标准所根据的事实仍只是一小部的。以此通行全国，固难适合各地之需要，推行久远，更有以谬传谬之危险。此现行课程应当特别改进之第二点。

V. 撮要

1. 课程为各学校中系统排列的普遍科目，与学校底功课有别，即前者为根据教育政策所规定之论理的、全备的、统一的科目，后者指各校对于各科之排列，及教学细目、教授程序等。

2. 课程不只以书本的知识为限，应包含德育、体育、群育、美育各事。而且因为它是达教育目的之一工具，所以常随人类生活的变迁而变迁。

3. 课程的发展以社会需要与心理要求为根据，故各时代各国家底课程互相差异。中国三十年来课程的变迁都是由简而繁，其内容逐渐与社会生活接近。

4. 课程底功用有二：一在保持社会文化，一在予学生以系统的训练；社会文化之保持，应以有利于国家及不妨世界和平为前提。

5. 组织课程的原则有二：一是训练实际生活，二是注意学生能力与个性。厘订课程标准的方法有三：一是调查社会需要，二是调查学生成绩，三是研究历史衍嬗。

6. 选择教材，以取其价值最大者为原则，排列教材的方法有四：一是归纳的，二是演绎的，三是问题的，四是设计的。

7. 在原则上，课程应时加改进，中国现行课程以无统一理想与客观的事实根据，尤当特别改革。

Ⅵ. 名词释义

七艺　欧洲中世纪初以文法、修辞学、辩论为三艺，算学、几何、天文学、音乐为四艺，合称七艺。

赤俄共产革命　1917年十月俄国革命，组织劳农政府，革命时以赤色为标帜，故称赤俄共产革命。

Ⅶ. 问题

1. 课程与功课之区别何在？规定课程的原则如何？

2. 课程何以跟着社会生活变迁而变迁？乡村小学底课程何以他科可以酌量合并，国语与算术科底授课分数不能减少？

3. 课程底功用有几？日本人为朝鲜人所设的学校何以不教

朝鲜语？

4. 课程组织何以要注意学生底能力与个性？怎样适应学生底个性？

5. 厘订课程标准的方法如何？

6. 判断教材价值的标准如何？

7. 试就初级小学第一年第一学期之国语课程为设计与问题排列，将算术为归纳与演绎的排列。

8. 课程何以当时时改造？中国现行课程何以要特别改造？

Ⅷ. 参考书

1. 余家菊：《教育原理》第四章

2. 郑宗海：《教育之科学的研究》第十一、第十四、第十五章

3. 程湘帆：《小学课程概论》（商务）

4. Ruediger：*The Principles of Education*，Chapter X

5. Sleight W. G.：*The Organization and Curricula of Schools*，Chapter Ⅳ，Ⅵ，Ⅶ

第七章 教育与教学

Ⅰ.教学底意义

五十一 教与学的关系

照中国旧籍底解释：教者上所施下所效，学者效也，两字底意义相似。此两字在英文为Teaching，义为教训（Instruction）与训练（Training），在字义上虽与中国旧籍之解释有差异，但仍不足表示此两字之科学的含义。

照现在教育上普通意义，教与学为两事，学是学生学习，教是指教师教授，故欲明二者之关系，不可不先明二者底性质。无论何种生物，因为本能的冲动与环境的要求都有学习的活动。例如，雏鸡生来为着饥饿的驱使与食料的引诱便发生啄食的动作。在此动作中，它一面得一种新经验，一面又可本此经验以指导未来的类似动作，这就是学习。人类底生活更复杂，学习底事物更多，从广义讲，人底一生，无时不在学习中过生活；而人类底大脑特别发达，思想支配行为的势力很大，一切动作除反射（Reflex）外无不受思想的支配，故学习一种事物都先从构成明确的观念起，等观念构成之后，再照此观念底指示发生动作。例如，学习蹴球来伸足，决不是盲然的动作，必于球来身前之一刹那有怎样伸足之一观念支配动作。所以有人下学习底定义为构成明晰观念以指导，制驭行动或行为的一种活动（Leamig is primarily a process of forming clear ideas that will serve to guide and control behavior or conduct），实是很合理的。

没有人指导虽也可以学习，但所用的方法为试误法（Trial and error method），时间与精力都极不经济，教授就在指导学者使其学习的效率增加，所以教学为一种刺激，鼓励，指导学习的方术（Teaching is the art of stimulating encouraging and guiding-learning）。我们在此定义中最当注意的是教者对于学者只立于辅导的地位，即以其在学习上所有的经验示学者，使学者本此经验进行以增学习效率，决不是替学者治事。《学记》上所谓“虽有嘉肴弗食不知其旨也，虽有至道弗学不知其善也”就是此义。

五十二 学习底基础及原则

人何以能学习？是由于他具有天赋的能力。盲者不能知色调，聋者不能习音乐，是由于他们缺少辨色辨音的本能，所以无论何人，可以利用学习的方法，以增进其学习的效率，但决不能学习其本能所不能学习的事物。故人类底原始禀质（Original nature）为一切学习的基础。人类因个性的差异，难得有两人用同样的方法学习成功的事情，一切人均有学习成功之可能，而世界上特殊成就者少，庸碌无能者多，并非尽为天性所限制，学习的方法与教育的环境有最大的关系。一般人常将伟人之成就为成于天才，实则天才从努力中得来。天禀虽为学习的基础，发挥光大的责任，则全赖教育，所以教育方法的研究，极其重要。

人类有同性质的大禀，照理可以有同样的成就。某人习此而成，某人不成，则大半为学习底结果所影响。例如，儿童都有学习语言的本能（除去哑子），倘若某儿因为说话而常为其父母所奖励，其语言亦较优于常儿，出席讲演而被人赞赏，将更努力练习，以至于发生作演说家的欲望而多方努力，竟至成为演说家；某儿因讲话常被抑制，则其结果反是。这即学习心理学上所谓效果律（The law of effect），即学习某事而有满足的结果，则学习更努力，得不满足的结果，则不努力。故满足亦学习的第一原则。又如，其人因学习其事的欲望特强，虽然在进行中受了许多挫折，但仍是努力不已，以求最后之成功。此种努力完全为欲望所支配，欲望实为学习的动机，故动机为学习的第二原则。教学方法底职能，在辅导学生学习，对于学习原则。不可不特别注意。

五十三　教学法底特质

照五十一节对于教学所下的定义，教学只是辅助学习的方法，凡方法所具之特质应当具有。所谓方法是一种发展经验，制驭经验之最经济的活动，所以有目的，有系统，有组织，教学法亦当如此。此外教学既以刺激、鼓励、指导学习为事，第一当注意环境以引起其学习的动机，第二当注意学生感情随时奖励以鼓舞其精神，第三当以曾经试验过的学习方法相示以节省其精力。简单说，教学法底特质在于根据学生能力用经济的手段辅导他发展经验、支配经验，决不是中国科举时代以成人经验为根据之强制注入法。

Ⅱ．教学底原则

五十四　引起动机

引起学习动机之重要，前节已经说及，其方法如何为本节所欲讨论。无论何人对于新事物都有学习的倾向，但无热烈的学习动机，则工作时极其苦痛。中国旧日教授儿童常用夏楚，不可谓不严厉，然而学生学习上的效果极少，其故就由于儿童对于“四书五经”无需要，无需要的原因是由于那些课本超出他们底经验范围以外。故引起动机的第一要事是明白学生底经验。了解学生经验的方法有二：一是从儿童心理学上研究儿童、青年底一般能力，按照其程度予以适当的教材；二是实际调查学生经过的学程及其生活习惯斟酌其应改应保的情形，予以相当的指导。第二当以学生底经验为根据，形成适当的环境，使学生处于其中既不觉其与个人底经验相去太远，同时又有新奇的感触，而有学习的要求，现在的设计教学与道尔顿制均特别注意于此。

五十五　适应个性

任何知识之获得均以直接经验所及者为最有价值。例如，音乐的欣赏，必得亲听乐歌，才对于音节始有明了的观念，倘使只听他人讲述某种乐歌之优美而不亲闻其声，即有所得，仍属隔膜，所以教学法之第一原则在引起动机，使学生产生亲身经历的热烈欲望。不过因为遗传与环境教育的种种关系，各人有其特殊的个性，教授时在材料与方法两方面均当注意及之，所以教学法的第二原则为适应个性。要适应个性首先要明白个性，第二当设法满足其需要，第三当创造个性。明白个性的方法有二：1.从学理的研究以求了解人类个性底特质及其普遍的差异，并应用测验研究其差异之量；2.直接与学生接洽，考察其个性底特点及其倾向。此二者虽然都是有用的方法，但第二项尤为重要，因时与学生接洽，不独能了解其学习能力之差异，在感情上亦可融洽，灭除师生间的隔膜，使教学无形增加效率。学生个性了解之后，便当设法满足，其方法亦有二：1.改革旧日整齐划一的班级教学而代以适应个性的方法如道尔顿制、哈沃特制（Howard Plan）之类；2.予学生以课外指导，使能按照其能力自由学习。讲到创造个性或者有人觉得过于奇异，实则社会上无真正的个人，各人底个性虽然一部分为先天的遗传所决定，又一部分则为环境与社会习尚所决定。中国人与日本人底个性最显著的差别为浪漫与严整，中国北方人与南方人最显著的差别为刚强与温雅，即同一父母之兄弟姊妹亦因所处之环境不同而有很显明的差异，此均最普通的事实。谚语所谓“蓬生麻中不扶自直”，固然在相喻习俗移人的势力，但蓬直而后，即为它异于蓬之特殊个性。现在良好学校养成校风之后，其学生底言动均带有该校底特点，一望而能辨别，亦属此理。所以学生底个性可以用教育底力量去养成。教学方法当设法适应个性，并当于适当之中养成其独有特质，使能表率群伦，不随波逐流为世所化。至于创造个性的方法，最重要者为“人格感化”，即无论治学治事均以身作则，使学生无形受其陶铸而成为一种定型。这实是教学中极重要的问题，我们不可忽视！

五十六　教学格言问题

自斯宾塞尔（Spencer）将智育原理析为六条而后，教学方法遂据以推演而成六句格言，即（1）由已知及未知，（2）由易及难，（3）由具体及抽象，（4）由经验及推理，（5）由简及繁，（6）由无限及有限。这几句话在教学上用得很广，所以成为格言，但不明各语底性质而为相当的限制，反要发生许多错误，第一项所谓由已知及未知，只是教师支配教材应注意，学生已往的经验，其应用的范围只以教授知识为限，复习旧课则不适用。第二项含义甚广，一切教学均可应用，不过难与易的内容要先有根据，始发生效力，而难易的标准，应以学生底经验为本，不可徒凭教者底主观。第三、第四两项性质约略相似，一般人学习新事物大概须经过这样步骤，即先对于具体的实物有认识的经验，然后再绎为原则，推论其他事物。在教学上之应用，第三项只有一部分功效，因为学生经验不足，其学习事物，虽然示以实例较易了解，但思想的启发却不可不先提抽象的原则，使其应用已有的经验为证；第四项应注重推理之锻炼，即使学生不以已有的经验为限，而时时从经验中推证他事，自求适应环境，创造环境的方法。第五项由简及繁与由易及难相似，在教学上之应用当注意儿童及青年心理，繁与简均以儿童能力为标准，而且要养成其分析的能力使其对于任何复杂的事情能析为简单的项目分别处理。第六项亦非说教材组织当由无限及有限，乃指儿童心意起初为混沌的，学习事物无一定目的与限制，教者应导以一定的路向，使之据以进行。

Ⅲ．教学方式

五十七　方式底分类

教学方式（Types of teaching）常因学科底性质及教师底目

的而异，故其分类亦以此二者为根据。以教材性质为根据的方法有发表、练习、直观、归纳、演绎、研究、陶铸、欣赏诸项，以教师目的为根据的方法有教训、发见、启发、操练、诵习、考试、温习、功课指定诸项。不过两类方法的应用，并无严格的区别，有此教材可以同用数种方法，而某数种方法亦可同时并用以达目的，所谓“神而明之，存乎其人”，全在教师之临机活用。兹将各种方法之意分述于下。

五十八　以教材为根据的方法

1. **发表法**　儿童初学事物大半由作事得来：例如，幼稚生学习文字，不能直接了解文字底意义，教师常用动作示意，他们要表现文字底意义时也以动作出之。此种方法，在幼稚园与小学初年教学中应用的范围很广，游戏、图画、手工等常用，就是历史与地理的知识，也可用演剧的发表法以教授之。实施此方法之要点，在引起儿童底兴趣，使他们自己跃然欲试，于动作中求得有组织的知识。

2. **练习法**　发表法的活动以关于日常生活的事情为主，但有此事情，并不在日常生活底范围以内，实际上都极重要——如文字与教学——教师则预教以一定的方法使之依法练习而成为习惯，以备他日应用。因为这种习惯，须多方练习方能应用，所以称为练习法。此方法最易胜于机械及与日常生活之应用距离太远，教者应当注意。

3. **直观法**　教导学生不仅要他们学习机械的动作，并且要使他们能构成普遍的观念，应付事物。构成普遍观念的要素，是有具体的经验可资比较，所以应先扩充其经验，其方法就是直观。教师教授各种事物，都先示以实例，使其对于此事物有明确的印象，更时时导其与自然界人事界各方面接触，养成其自动观察之兴趣。此方法最宜用于教授理科。

4. **归纳法**　从具体的事实进而及于一般原理为归纳法，教授历史及公民学等很重要。此方法之要点：（1）明示所要研究的问题；（2）供给充分的事例；（3）助儿童将已得之实证分类整理；（4）使学生构成结论，用简单语言成文字表示出来；（5）使学生应用他事证实其结论。

5. **演绎法**　演绎法底性质与归纳法相反，即由普遍原则及于个别事实，其要点有四：（1）使学生了解所欲解决之问题的要素；（2）考察与此问题有关系的原理而估定其价值；（3）将原理应用于事实之后，再构成推论以备应用于他事；（4）使学生应用已有的知识推证此原则而发展其思考力。

6. **研究法**　研究法是教师于学生有相当研究的能力以后，使他们自动学习，此方法之要点有九：（1）根据学生生活上的需要引起其热烈的学习动机；（2）使学生自创研究方法；（3）鼓励儿童利用各方面已有的知识解决新问题；（4）研究问题须有公正博大的态度；（5）注意于书本外之实际观察；（6）详审自己所得与他人供给的材料；（7）选择材料为系统的组织；（8）有精确的习惯，对于任何问题之解决都须眼到手到，不可徒凭耳食；（9）对于学习的工具须运用敏迅（如运用字典、参考书及语言文字之类）。

7. 陶铸法 陶铸法为实施德育的方法，其要有三：（1）以身作则，即一切言动教师先身体力行，使学生无形之中受感化；（2）提高理智：行为常为思想所支配，有高尚之理想者，其行为亦异于常人，故行为之间接训练为提高理智；（3）因势利导：甲、使学生有机会发表其意志，不随便压抑，乙、利用环境诱导其为善去恶。

8. 欣赏法 欣赏法为陶冶感情的方法，其要点有二：（1）美感的养成，即利用文艺音乐、绘画、雕刻各种艺术的活动养成学生美的兴趣；（2）休闲的利用，即组织各种有益身心的集会，养成其正当的嗜好。

五十九 以教师目的为根据的方法

1. 教训法 教训法底范围很广，凡教学上所用讲演法、问答法、讨论法等均在内。讲演法只由教师按照其预定系统讲说下去，虽然也要注意听讲者之程度，但不能顾其个别的需要，此法宜用整理已经教过之教材底系统；问答法则由教师发问使学生答复，再将其答案之不完全与错误者补充纠正之；讨论法由教师或学生提出问题共同研究解决之。三种方法底形式虽不同，但目的都在直接将教师所认有应当给予学生的知识直接给予之。

2. 发见法 教师使学生自己研究，自己发现问题，自求解决的方法，历史地理之查阅图表、数学习题、理科实验均用此法，其要有四：（1）注意学生已有经验；（2）供给相当材料；（3）养成实事求是的习惯；（4）证实结果。教训法以教师底活动为主，此则以学生为主，二者底性质相反。

3. 启发法 启发法为介于教训与发见之间的方法，教师一面注意学生底经验及兴趣，一面运用暗示使学生自动，其要点有四：（1）调查学生能力与兴趣；（2）用适当的材料刺激学生使之发生需要；（3）暗示或指导其解决问题的方法使其自动研究；（4）证验结果。

4. 操练法 操练法与练习法同形式而异性质：练习之目的在正确，操练之目的在固定。习字与图画之学习最初总是不完全，但经过若干次反复动作后，便由不完全而达于极完全的地步，这就是练习之功。文字语言底发音，最初便要正确，倘初学时错误，以后便难于改正，故操练法之要点有七：（1）给予学生第一次的印象极正确；（2）告以成功的必要方法（如习英文拼音之口腔形状与发音器官等）；（3）引起其愿意反复练习的动机；（4）利用机会时时为实际的应用；（5）注意中途间断与不正确的练习；（6）特别困难的地方多加练习；（7）逐渐将练习时间延长。

5. 诵习法 考查学生成绩，常因学生底年龄而异，年幼者宜用口答，年长宜用笔答。诵习（Recitation）即口答的方法，目的在试验学生对已习学科之理解量，其要点有四：（1）发问之语言须简单明了，问题须富思考性；（2）助学生整理思想；（3）注意答案之语言及文法；（4）指正普遍错误。

6. 考试法 即考查学生成绩之笔答的方法，能使学生底思想有组织、有系统，其要点与诵习法者相似，不过偏重于文字方面而已。

7. 温习法 各种功课一直教下去易致漫无头绪，虽然学科本身有一定的系统，但非在短时间教完，很易使学者不能连成一气，故某科之全部或一段落教完时，须有总复习以整理其系统。此方法之要点有三：（1）提出温习之材料，须精要而能概括全体；（2）辅助学生列表纪要；（3）使学生平时留意研究，提及纲要即能明了其内容的要点。

8. 功课指定法 功课指定（Assignment）是于某科之某课完毕后，指定他课，使学生自己预备，其要点有三：（1）指示课程中应当特别注意之点；（2）指示学习方法；（3）调查学习成绩。

六十　良好教学法底要素

教学法底方式虽有种种，但其成功之要点相同。良好的教学法有三种要素：第一是有目的，第二是精力与时间经济，第三有良好结果。我们再三说过教育方法为达教育目的之一种活动，无论何种教学法，倘不能达一定的教育目的，根本上便不能存在，所以判断教学法优劣的标准，要以达到教育目的的数量为衡。我们又说方法是发展经验，制驭经验最经济的活动，良好教学方法，当然要能节省学习的时间与精力。节省时间与精力的条件有三：（1）初次的印象或动作要精确，因为学习的活动在心理学上看来，只是构成习惯，每种错误的习惯一成，以后即难改正，所以第一次的动作要慎；（2）学习上进行的步骤要有次序，例如，算术，四则正习，决不学习深于四则之比例开方；（3）教材要能刺激学生使之发生兴趣，有自动的学习动机。良好结果是诊断各种方法效率的标准，良好的教学法自然要产生良好的结果，其条件有四：（1）动作敏捷，（2）观念明了，（3）进步速度快，（4）能应用。

Ⅳ.中国现行教学法

六十一　历史概述

《学记》说："善待问者如撞钟，叩之以小者则小鸣，叩之以大者则大鸣。待其从容，然后尽其声。不善答问者反此。"可见古代教学重问答与不重注入。孔子教授学生尤能循循善诱，适应个性：同一问孝对于孟武伯、子游、子夏之答语不同，即其明证。及至明季以八股取士，所谓士人日夕以章句诵读为事，童蒙入学，亦专注于此，数龄儿童，不问其理解能力如何，必使将《四书五经》等之教材熟读至背诵如流；中等人家之子弟至十余岁始由教师讲解其字义。故科举时代的教育方法可以注入式三字包括之。庚子而后采用西法，兴办学堂，教学法亦经革新。张百熙奏定学堂章程对于小学教学法特为规定而注意于诱导复习（详《名词释义》中）。以后各学校虽经采用，但因不谙儿童心理与缺乏教学技能，仍多为注入的讲演。光绪三十三年私塾改良之空气甚浓，为教学便利计，始有单级小学之设置。光绪三十四年，江苏派人赴日本专门考察，更设单级教授讲习所，各省推行。乡村小学之用此方法者甚多，但城市小学及中等以上学校之教学，仍大半为注入的讲演，一九一九年、一九二〇年，始有人研究设计教学法，各省实施者以江浙为最多，一九二二年，道尔顿制始由英国传至中国，一九二三年、一九二四年间盛行于各省。

六十二　现行的方法

中国现在流行的教学法，在小学有单级教授、设计教学、道尔顿制；中等学校有道尔顿制；在幼稚园有蒙铁梭利教育法；班级讲演法则通行于大中小三级学校，兹分别简单述之。

1. **班级讲演法**　此法的教授单位为年级，同年级的学生大概自数人至六七十人，学生于入学时经过考试，编定年级，以后在校修业期间均随此年级而升迁；虽因学力不及而有留级者，但照此方法所规定决无因能力优越而升级者。教授的单位即属年级，所以教材之支配均以级底中数为准。为教授上便利教学方法，大半为讲演式，间有用其他方法如问答、启发等者，但为数甚少。

2. **单级教授**　单级教授是因乡村小学校困于经费，无钱多聘教师，无余地多设教室，而学生之程度又参差不齐，不得不分为数组，于是将程度不同的儿童级编为一学级以一教员同时教授（亦有用助手一人或二人）。此方法之要点在将各级功课配置适当使学生有充分自动的机会；教师则宜事先预备充足，更当注意于养成学生自动的习惯。

3. 设计教学 设计教学（Project method）之设计两字原用于农业作用上，一九〇〇年以后始见于美国教育言论中，后经美国Kilpatrick，McMurry等之提倡更盛行于美国及中国。此方法之目的在使学校生活与社会生活一致，故对于儿童底自动活动极其重视。进行程序有五：（1）利用机会引起动机，（2）厘定目的，（3）共同计划，（4）实行预定的计划，（5）欣赏结果。

4. 道尔顿制 道尔顿制创始于美国之柏克赫斯特（Parkhurst）女士，因一九二〇年在道尔顿中学试验成功，故名道尔顿制（The Dolton Plan）。此方法注意个别教学，将旧日的年级制打破，学生升级不以年级为本位，而以个人能力为本位：能力优者可多学习些功课或提早毕业，能力弱者反之；教师底主要职责更多是个别的指导，虽然也有讲授，但此班级制者减少甚多。其要点在鼓励学生自动养成其遇事自求解决的习惯，而使学生个性均允分的发展。

5. 蒙铁梭利教学法 蒙铁梭利教学法（Montessori method）为意大利蒙铁梭利女士（Montessori）所创，特别注重感觉训练，对于儿童用特别制造的教具练习其各种感官，其实施要点为言语简明，教材单纯，教材须用实物诸事。

六十三　对于现行教学之概评

上述五种方法以讲演法为最通行，设计教学次之，道尔顿制又次之，单级教授与蒙铁梭利教学法则只以乡村小学及幼稚园。此五种方法有长处也各有短处：讲演法对于教者之精力与时间虽极经济，但太不注意—— 即注意也难于使之有适当的发展学生个性。设计教学比较能使学校生活与社会生活接近而富有群化的精神，不过实施时优等生活动的机会特多，劣等生未免受影响。道尔顿制虽能适应个性，但太偏于效果的计算与书本的知识。蒙铁梭利教学法虽能启发儿童底自动力，但太偏于感觉训练而忽略其他。单级教学虽然先为乡村小学之便利方法，但不及道尔顿制之便利：因单级教授实施时教师直接教授的时间极少，全靠学生自动，与其用机械的形式规定学生在教师直接教授之旁工作，不如用道尔顿制的方法使学生自由学习，教师自由辅导。其他如葛雷制（Gory school system）、自学辅导（supervise study）、群化教学（socializing teaching），虽然也有人研究，但少有实行者，故不论及。

Ⅴ. 撮要

1. 学习为构成明晰观念以指导，制驭行动或行为的一种活动；教学是刺激、鼓励、指导学习的方术，其特质为辅导学生以最经济的方法达到学习的目的。

2. 学习以天禀为基础，努力为动因，要学习有成须注意于满足与动机两原则。

3. 教学上的普通原则为引起动机，适应个性，旧日的教学格言虽有优点，但不尽适用。

4. 教学方法可以教材性质及教师目的而分类：属于第一类者有发表、练习、直视、归纳、演绎、研究、陶铸、欣赏诸法；属于第二类有于教训、发见、启发、操练、诵习、考试、温习、功课指定诸法。而有目的，精力与时间经济及良好结果为良好教学法不可少的条件。

5. 中国旧日对于教学重启发，科举而后，始流行机械的注入，清末改行学校始以启发为言，但实际上仍为注入的讲演。现在通行的教学方法有班级讲演，单级教授、设计教学、道尔顿制、蒙铁梭利教学等，但各法瑕瑜互见，均可使用，惟单级教授以道尔顿制代之，反较便利。

Ⅵ．名词释义

试误法　初遇新环境无预定的方法应付，只凭机会乱碰，经一次失败即改进一步，逐渐以至成功。此方法儿童学习新事物多用之。

哈沃特制　英国克拉普顿女子中学（County Secondary School,Clapton）校长哈立斯（O'Brien Harris）所创，于使学生自由学习之中并限制其过度的活动，不若道尔顿制之极端重视学生自由活动。

斯宾塞尔智育六原则：（1）教育宜由单纯而进于复杂；（2）教授宜由特殊事项进于一般原理，即始于具体，终于抽象；（3）儿童教育之顺序方法，宜与人类之种族发展一致；（4）教育宜由经验的进于理论的；（5）教育宜使儿童自行观察，自行推理，养成自学自习之风；（6）教授法之得失视儿童兴味之有无为断。故教授上使儿童生不快之感，有害其精神之发育者，宜摈去之。

张百熙　清光绪二十九年时之管学大臣，首先奏定学堂章程者，对于小学教授法之重要规定如下：（1）凡教授儿童须尽其循循善诱之法，不宜操切而害其身体；尤须晓以知耻之义，夏楚之事，断不宜施。（2）凡教授之法以讲解为最要，诵读次之；至背诵则择紧要处试验，若偏责背诵，必伤脑力，所当切戒。

Kilpatrick　美国哥伦比亚大学教授，著有《设计教学法》（*The Project Method*）一册，其他著作甚多。

McMurry　美国北伊里诺州（Northern Illinois）北部师范学校实习主任，兄弟两人，均为美国教育专家，兄名Charles，弟名Frank，提倡设计教学者为Charles，著有《设计教学》（*Teaching by Projects*）。

Ⅶ．问题

1. 试就雏鸡啄食研究其学习的方法。

2. 教学何以重在辅导学生自动？学生都能自动吗？

3. 何谓个性？个性何以可创造？现在的教学方法能适应个性吗？适应个性的方法如何？

4. 什么是归纳法？归纳法与演绎法之区别如何？二者之效用如何？

5. 考试底种类有几？方法如何？何以要考试？

6. 良好的教学法应具什么要素？

7. 参观附近小学校底教学看其用何方法而评其优劣。

8. 单级教授与道尔顿制的区别如何？道尔顿制何以可替代单级教授？试拟替代之具体方案。

Ⅶ. 参考书

1. 舒新城：《现代教育方法》全部（中华）

2. 舒新城：《中学教学法》第一编（中华）

3. 舒新城：《普通教学法纲要》全部（中华）

4. Bagley and Keith：*An Introduction to Teaching*，Chapter Ⅱ

5. Wellon：*Principless and Methods of Teaching*，Chapter Ⅰ，Ⅱ

6. Monroe：*Cyclopedia of Education* Vol. V，Types of Teaching

第八章 教育与训育

Ⅰ．训育底意义

六十四 训育底对象

《说文》说：“训，说教也。”《字汇》说：“训，导也。”训教两字在中国旧日的字义原属相通，训育好像就是教育。不过现在教育学上所称的训育，实与教育大异其范围，即训育偏重于受教育者之感情意志的陶铸方面，教育则总括教育者对于被教育所施予之一切教诲。

因为训育两字底意义无确切的界限，所以训育底对象也常发生问题：从理论上讲，知与行本不容易分开，中国虽然有“知之匪艰”“行之维艰”的成语，但任何行为中都有知识在背后支配一切，任何知识也有用行为以表现的倾向，所以中国旧日的教育，教学与训育并无严格的区别，如书院制、私塾制大半均由一教师总持一切，学生无论在知识盛行各方面都以教师为模范，教师亦只尽其力之所能者竭忱指导，更不问何者为训育，何者为教学。变法而后，废科举，兴学校，因教师只于上课时负传授知识之责，不问学生底行为如何，于是始有管理员或学监监督学生底起居饮食等等事项，主要目的在执行规则，使学生表面遵行。只是消极的裁制而已，并少积极的指导。五四而后，各校有将管理员学监改为训育员或指导员者，但他们对于学生所负的责任，与从前无大差别。不过从上面所述的事实中，我们可以得着一个概念，即训育为处理学生知识之学习以外的事情，其对象为行为。

行为有广狭二义：狭义的行为是伦理学上的名词，是根据自由意志的道德活动；广义的行为则指具有意识的活动本能以外的活动均属之。训育底目的自然在养成学生道德的行为，但其过程须以广义的行为为始基，所以训育底对象是以广义的行为为基础，狭义的行为为目的。

广义的行为既为本能以外的活动，故其范围极广，训育的事项也极多。意志的锻练，感情的陶冶为训育所当注意，即良好学习习惯之养成亦为训育所不可忽视。负训育责任者决不只训育员，一切教师均当同负其责。

六十五 训育底要素

人类因为具有遗传的活动能力，堕地即能动作。不过有本能的动作，决不能自存，尤不能生存于现在的社会，所以行为必须锻练。行为锻练的步骤，大概可以分为三项：一是被动的遵从，二是自动的遵从，三是反省的自范。人当幼稚时期，对于社会的需要与行为底结果均茫然无知。顺着本能的要求自然活动，很容易发生危险，所以此时的父母或保姆时时用命令鼓励或禁止其活动，儿童自己既无充分的经验，故常处于被动地位，遵从命令，至于此命令之内容却少能理会。及至年龄稍长，经验较多，对于各种活动底前途有相当的预知，不必事事依赖长者底命令，而能自己处理其动作；不过因经验与修养的关系还不能达从心所欲不逾矩的地步，教师或长者不能不设一定的规则，使他们底举动有所遵从，而他们此时的遵从，也不是盲目的服顺，自己能了解规则底意义而愿意遵守，所以称为自动的遵从。及至知识与经验都极充足，处己、对人、对事均能自立范围，有规则固然能明白其用意而切实遵守或觉其于理不合而提议修改，即无规则亦不至为非作乱，此时完全是用自己底理智范围自己的行为，所以称为反省的自范。

行为的锻炼虽然有上述的三种阶段，但训育底目的重在养成自决的行为，要养成学生自决的行为，第一要使他了解各种行为底内容；第二要使他有中心思想，为行为的规范；第三要有导率；第四要使环境能供给他行善去恶的机会。所以训育底要素，不是对于学生行为的消极制裁——虽然在必要时也不得不偶尔用之，乃是：（1）灌输其正当的知识，（2）设备适当的环境，（3）以身作则的人格感化。换句话说：训育是教师用人格力陶铸学生行为的教育活动。

Ⅱ.训育原则

六十六　训育目标

训育为达教育目的之一种方法，其目标也当随教育目的之变迁而变迁：例如清朝底教育以尊君尊孔为主旨，训育亦以尊君尊孔为言，民国初元教育宗旨注重道德教育，训育亦特重国民道德。自“养成健全人格，发挥共和精神”的教育宗旨宣布而后，训育亦无一定目标：有主张以“为个人造互助的社会，为社会造独创的个人”为训育目标者，有主张“以养成自动能力，维持公共秩序为训育主旨”者，但是否为切合国家需要的方案，却难断定。当此外患内忧交逼的中国，不得不希望教育救国，欲以教育为再造国家的工具，首先要使国民有爱国心，而爱国心之构成不是凭空而来，必得以本国文化优点为背景；爱国的活动亦非盲目的乱动，必以个人独立与遵守公共秩序为前提。所以今日中国多级学校训育的普遍目标可有下列三项：（1）养成个人独立能力，（2）遵守公共秩序，（3）为国家服务。

六十七　养成习惯

训育底目标定了，实现目标的方法是我们所当注意的。各种具体方法，当于下段详之，现在只述支配那些方法的重要原则。

心理学者常说人生是习惯的，竟谓人类底生活常为习惯所支配，此话实有至理。我们日常生活中的种种活动，虽然极其复杂，但均能处置裕如，就是习惯底功用。倘若成人也像婴儿，饮食起居都要学习，不独不胜其烦，即欲生存亦且不能。习惯既成之后，在生活上固然使我们便利，且有保守性能使我们对于种种重大的牺牲，视若故常，而决然乐就。乡间吝佛的人平常供奉菩萨惯了，某处行香建醮不能参与固然悒悒不乐，倘有人毁谤仙佛，更要怒目相加，甚者实行驱斗，即有牺牲亦所不顾。现在日本人之对于天皇，罗马人之对于教主，有人侮辱毁谤，势必与之拼命；其他如各国人民对于其国旗见有加侮辱者亦莫不愤恨填胸，立思雪耻。这些举动，并非先天的特性，都是由教育养成的。谚语说“习惯为第二天性”，确能表示习惯底性质与力量。所以要学生能自立，固然要养成其相当的能力使他能不依赖人，而养成以依人为可耻的习惯更为必要。现在社会上之依人为生与依人作恶者并非无自立的能力，只因依人的习惯牢固不拔，不愿自立而已！其他如遵守公共秩序更属易为之事，只要有自治的习惯、知耻的意识，便不会无故为破坏秩序的事情。为国牺牲似乎是很难的事情；其实国民有爱国的习惯，实行起来并非难事：历史上为国丧生的事实随时可以寻出，从愚妇愚夫之以吝佛而丧生的事实看来，亦可为切实的证据。所以训育的第一原则是养成学生底良好习惯。

六十八　引起信仰

现在学校教职中之最为学生所深恶痛绝者莫过于管理员——此就普通情形说，亦有管理员极为学生所信赖者——管理员所以招怨之原因，一部分由于执行校规干涉学生越轨的行为，一方面则由于三十年来之新教育历史素不重视管理员，常随便以不能负教学责任者充任。人类底生活固大半为习惯支配，而习惯底决定与其谓为理智毋宁谓为感情底功用。因为习惯之所以成为习惯，必得反复练习，而某人对于某事之愿为反复的练习，必他对于此事有满足之感。所以感情的满足又以信仰为重要条件。讲到感情的满足，或者有人以为是迎合学生心理而利用其弱点，实则此种说法在理论上固然说不通，在事实上亦无效；因为利用学生弱点而迎合其心理虽也可以使他们有满足的感情，但只是一时的瞬感而已。他们智识稍进步能发见从前的错误，不独好感失去，而且有一种愤恨的反感相随。所以真欲引起学生信仰，要以人格力博得学生底好感。人格力底内容极复杂，最重要者是言行合一，富同情心，诚实公正诸事。倘若教育者能事事以身作则、律己以正、待人以诚，纵使主张不为学生所取，对于其行为亦有肃然起敬之好感，而无形之间受其影响。青年与儿童心性纯洁，感情热烈，倘使教育者之主张真系至公无私，不含其他自利的作用，决不会不为他们所不取。若果个人人格能博得学生底好感而引起其信仰，言语行动无形中为他们所模仿，即偶有误会而不为他们所信任，亦极容易解释。有些学校常因小事发生风潮致使职员无法处理，而素得学生信仰之教师，一言即可解决，亦事实上所常有。故教育者当以自求进步，努力修养，以引学生底信仰为训育中最重要的原则。

Ⅲ．训育方法

六十九　消极的方法

训练行为的方法可以分为消极、积极两类：消极的方法是防止不良动机或处理已成的错误行为，积极的则一方面启发其善良的动机，另一方面指导其向上。论效用自然积极的方法为大，但因事实上之需要亦不能尽废除消极的方法，不过运用时当特别注意不可以方法为目的而已。属于消极方面者有禁令、惩罚两项，属于积极方面者有诱导、发泄、移接、反省四项，兹分别述之。

1. 禁令　学生因年龄与知识的种种关系，对于某种事物不能深切了解其利害，而该事物之本身又含有危险性——如临深渊或嫖赌之类——又不容他们去尝试，只有发命令禁止之。禁令底要点：（1）对照“当时此地之情形”，（2）命令者自己身体力行，（3）使学生明白禁令之用意。例如，某校直面有深渊，始可以发“不善游泳者不得入浴”，有妓馆始可以发“不得狭邪”的禁令，否则徒为多事。此禁令既经发布，教师须身体力行，否则不独为具文而已，反由此引起更不良的行为。禁令之目的虽在防止学生之尝试，但所以不许尝试之理由应明白宣示，否则将因怀疑而不遵行或更去尝试。

2. 惩罚　惩罚有两种意义：一为自然的惩罚，一为人为的惩罚。无论做何事倘其结果不能如所预期，便会有不满足之感，这就是自然的惩罚，若某事不为法制或规则所许可而自由动作发生不良的结果，执行法规者予以处罚，叫作人为的惩罚。这里所说的惩罚是属于第二种，即学校为维持公共秩序增进公共幸福，有一定的规则为学生所当遵守，倘学生犯此规则，教师可按照规程予以惩罚，惩罚之目的，在予以不满足之感，使同样的动作不为反复的练习以成习惯，其要点有四：（1）注意学生个性，（2）注意行为底动机，（3）处罚的事项须能使学生了解其用意而自动改过，（4）处罚事项须有防止同一过失蔓延及于他人的功效。

七十　积极的方法

1. 诱导法　即利用环境的刺激引起学生底善良动机与以身作则使学生受感化而时时向上的方法。此方法之目的在无形引导学生向上，故不持权威的命令，只重无形的陶化。其要点有六：（1）供给良好的环境，使学生优游其中，有“蓬生麻中不扶自直”的功效；（2）了解学生个性，予以适当之辅助；（3）用文艺的教材陶冶其感情，使其行为纯洁；（4）以贤哲言行示范养成其道德的情操；（5）注意善良行为之奖励以养成见善乐为之习惯；（6）遇事以身作则，使学生无形受陶冶而自然向上。

2. 发泄法　人生而好动，儿童与青年尤甚。此时只可因势利导使其为正当的动作，决不可压抑使之不动而使其潜意识寻求不正当的路向去发泄。例如，儿童因好动而常有破坏用具的事情，教师与父母决不可因其好破坏而禁居室中，应当设法引导使之为有益的游戏以发舒其剩余势力。倘若不让他们为适当的发舒，在禁令有效的时期中固然俯首帖耳不为他事，禁令一旦失效，即无所不为。发泄法底目的在使学生于自由活动之中求得控制经验的方法，养成勇于为善的习惯，故课外活动的指导，在训育中极其重要。此方法之要点有四：（1）组织各种课外活动训练学生团体生活；（2）教师参加团体活动，自为团体中之一分子，以祛除师生隔阂；（3）不滥用威权使学生自己所感不如意的事情，可自由向教师申述；（4）考察各个学生所处的境遇，用适当方法调剂其苦乐使之向外发泄。

3. 移接法　人类底本能虽无所谓善恶，但有些性向若无适当的训练，便足为人群之害。例如，争斗本是一种本能，若不加训练则将流于勇于私斗，于社会秩序很有妨害。教育者对此性向，并不必用消极的方法抑制它，最好以服务国家为国牺牲的事实去训练他，养成其为公仗义的精神。移接法的目的在将原始的性向用积极的方法，提高其效用，其要点有三：（1）利用环境底刺激为改变性向的工具，故宜特别注意于学校底设备；（2）注意学生休闲活动随时加以指导，减少其与不良境遇接触的机会；（3）参加实际活动，养成学生为公服务的精神。

4. 反省法　规则虽有规范行为普遍的性质，为一般人所当遵守，但终是外部的势力，不易支配内心的活动。学生当青年期，自我扩张，自尊与好奇心极为发达，往往故为偏激的主张以自矜。教师若用命令或规则规正之，他们不但轻视而已，甚且为激烈之反抗。故中等学校的训育问题常多于小学校而且不易处置。此时训育上最要的方法为养成其自律的习惯，即使学生自己反省自己的行为而时时改过迁善。反省法之要点有五：（1）引起学生信仰，使语言易于入耳；（2）指正学生错误须平情度理，剀切开导，使自知其非；（3）时时灌输其关于修养之知识，使其行为有所取法；（4）利用事物之对比养成其分析的习惯，使反省有据；（5）利用团体活动养成自治能力。

Ⅳ．训育现况

七十一　训育现状一般

训育为中国改行新教育后的新名词，因革改时将训育与管理混为一事，及五四后议会式的学生自治会理论风行一世的两种原因，现在学校中训育状况有两种很相反的极端现象，即（1）严格压抑，（2）极端放任。

中国历史上常以君师并称，所以师严道尊的观念深入人心。科举时代，私塾教师对于学生之威严，几如监狱者之于囚犯。改行新教育制度以后，形式上虽然有所更改，实际上从前之任管理员者，大多不明教育原理，仍本其师严道尊的遗意，以发现学生短处，干涉学生行动为职志。学生被视为机械，一言一动，均须得管理者之许可。在表面上学生对于校规，几无不奉行唯严，对于教职员之命令，无不马首是瞻，但实际上则压抑愈甚者，其被压的意志向外发舒的要求愈切，结果在校内固然暗中作了许多不合理的事情，出校更少特立独行之士而为不良社会所沦胥。这种现象内地学校之大部分与自显校规严肃的学校常有之。

自五四学生运动偶然成功之后，学生在社会上的地位陡增，不健全的舆论更提倡所谓“学生自治会犹议会，学校行政人员犹政府官吏”的理论以鼓荡之，近年“阶级争斗”之说盛行，更有利用青年弱点倡学生与教师为对等阶级互相争斗者。于是学生底声势更增，几于社会国家世界上之一切事情，均可由在校学生处理之，学校底风潮更层见迭出。主持教育者因政局之变换而任免，贤者固难久于其事，不肖者亦可因缘为奸，学生无良师指导，顺其本性之冲动与外力之鼓荡更可踰越常规，为所欲为，教师畏其凶焰，惟以无事相安，放任自不待言。放任过度，社会责难群起，教育者更有假军警力量以整顿学风以期博得同情。此种现象，都市学校之一部分与自号开明之学校常有之。总之，现在的师生，就一般情形言，不仅是路人而已，直是敌人，与训育本义相去甚远。

七十二　今后的方针

上述两种现象固然是极端的表征，其中亦有师生感情融洽，校风优美的学校，我们不能不说是训育之功。以全国之大，这种事实自然是常有的，不过就我平日观察所及，有训育可言的多是小学。因为小学校之教学与训导，大概由教师担任，不像中等学校教师不负指导学生行为的责任。中等学校这种二元观（知与行截而为二，即教师专负知识灌输的责任，管理员或训育员专负指导行为之责）的教育方法固然不合理，而各级学校之训育无重心，尤为教育上的最大问题。所以今后的训育方针：第一，当注意的是训育目标，即全国学校想把全国学生训练成为一种什么人，各级各个学校要把各校学生训练成为一种什么人要先立标的，目标定了，再照着拟订具体的方法去实施；第二，当打破知行对立的二元观：因为知与行这不是一事底两面，决不能截为两途，则训育的责任，应由教师担任，不当另设专管学生行为的人员；第三，要设法减除外部不正当的诱因。教育诚然是有效的，可以改造国家，改造人性，然而环境底影响却可以减少教育底效力。例如，教育者指导学生组织自治会，训练其自治能力，舆论日日鼓吹他们治校，你底力量再大一点，也不能不受其影响而使多年与多人的训练基础发生动摇。教育者对此，只有不避险阻，尽力陈言，改造舆论；第四，当注意教师底修养，训育原是教师用人格力陶铸学生行为的教育活动，应首先使自己有能陶铸的资格然后方可收效。

训育问题不只是训育的本身而已，实是教育宗旨问题，我们应进一步努力！

Ⅴ.撮要

1. 训育是教育者用人格力陶铸学生行为的教育活动，中国往时教学与训育不分，变法而后，始有训育的名词，但实际上大半为消极的管理。

2. 训育的普遍目标有三：（1）养成个人独立能力，（2）遵守公共秩序，（3）为国家服务。

3. 实施训育的普遍原则为养成习惯与引起信仰；二者均当注意感情陶冶与人格影响。

4. 训育方法分消极、积极两类：消极的方法有禁令、惩罚两项，积极的方法有诱导、发泄、移接、反省四项。

5. 现在的教育状况不流于严格压抑，便流于极端放任；前者由于历史之师严道尊及初办学校不明训育真义所构成，后者为五四后学生偶然成功与社会上不健全的舆论所激成。

6. 今后训育方针当注意四事：（1）厘订训育目标，（2）打破知行对立的二元观念，（3）减除外部不正当之诱因，（4）教师修养。

Ⅵ.名词释义

伦理学　英文为Ethics，专论道德的学问。

自由意志　此处指伦理学上的自由意志，意谓对于一事之思虑抉择等活动均由己意决定，不受外部的干涉。

潜意识　变态心理学之名词，英文为Subconsciousness，即被压抑不能发舒而潜藏于心意之下的意识。

剩余势力　心理学名词，英文为Surplus energy，即维持生活以外的多余势力。

Ⅶ.问题

1. 什么是训育？其特质如何？
2. 何谓人格感化？其方法如何？
3. 普遍的训育目标有几？还有应当加入的目标吗？理由何在？
4. 人生何以常为习惯所支配？养成习惯的方法如何？

5. 你生平最信仰何人？试将信仰的原因分析之。

6. 惩罚与褒赏的效力在训育上的价值如何？何种情形当用惩罚，何种情形当用褒赏，试举例说明之。

7. 述你在小学时对于教师的感情，与中学时比较之。

8. 中国训育现状，何以有两种不良的极端现象？用何法改进？

Ⅷ. 参考书

1. 陈启天：《中学训练问题》（中华书局）

2. 周天冲：《中小学训育问题》（同上）

3. 元尚仁：《德育原理》（同上）

4. 《中等教育》第三卷第二期（商务印书馆）

5. 舒新城：《一个改革学生自治的具体方案》（《舒新城教育丛稿第一集》，中华书局）

6. Perry：*Discipline as a School Problem*

第九章 教育通论

Ⅰ.教育底范围

七十三 教育底内容

以上八章曾将教育与各种教育活动的关系为大概的叙述，此章总合讨论其内容，以便读者更据以进而研究。

教育原是人生中一种实际的活动。时无古今，地无中外，有人类便有教育，故教育底本质原为一种实际的事业。后来经过长久的时间，多人底经验，发见教育活动有一定的理法可寻，于是理论的教育产生。因理论能指导未来的活动，所以教育成为一种专业，而理论的研究反占先步。实际的教育可分为普通的、特殊的两大类，理论的教育亦可分为哲学的与科学的两大类，各大类又可分为若干小支，兹列表明之：

- 教育
  - 理论
    - 教育哲学
    - 教育科学
      - 教育史
      - 教育原理
      - 教育心理学
      - 教育行政
      - 教学法
      - 教育统计及测验
      - 教育问题
  - 实际
    - 普通教育
      - 初等教育
      - 中等教育
      - 高等教育
    - 特殊教育
      - 家庭教育
      - 社会教育
      - 平民教育
      - 补习教育
      - 职业教育
      - 特种教育

以下分段简单说明之。

Ⅱ.理论的教育

七十四 教育哲学

哲学是研究意义与价值的学问，其对象与科学并无差别，不过研究的态度不同而已。例如教育学以人类底学习情形为对象，教育哲学亦然，不过教育学所研究的是关于人类学习底本质及怎样学习、怎样教导才收效最大等问题，教育哲学则问人类为什么要学习，学习有什么价值，教导有什么意义，教导与学习最后的目的何在等问题。

人类因为有满足需要的天禀。遇需要时自有动作去适应它，所以初民时代虽也有实际的教育，但并无系统的教育理论，更说不到教育哲学。后来社会进化，教育经验逐渐有系统，于是教育的科学发生。不过科学为部分的系统知识，对于此科与他科的关系固然不能研究及之，对于教育与其他社会活动的关系尤非范围以内之事。而人类底活动为综合的，教育与他事既有关系，任何人对于教育有确切的意见，亦必是一种综合的见解。集合各方面之教育经验与各学者底教育意见，为综合的研究，构成教育上的根本原理，便是教育哲学。所以教育哲学底目的有四：（1）发见人类经验中之教育的意义与地位；（2）对于教育经验为系统的解释；（3）研究教育与其他社会活动的关系；（4）构成指导教育活动的基本原则。

七十五　教育科学

教育科学是用科学的方法对于教育上各种问题为系统的研究，常用之方法为试验法、统计法、比较法。因其系分部的研究，所以分下列各项说明：

1. **教育史**　教育史为研究人类教育活动之变迁的科学；专载历史上之教育理论者为理论的教育史，专载历史上之教育实际活动者为实际的教育史。教育史底目的在将历史上各国人所发明的学理及其实验的结果为系统的研究，考核其异同，比较其得失，一面为实施教育之鉴戒，一面据以创造新学理、新事业。换言之，教育史底功用在使教育者鉴往知来，不抄无益的现路。人类有通性，欲取法他人当明世界教育史，而各国有特性，要改进故物，发展光大以自存于世界，尤不可不明本国教育史。

2. **教育原理**　教育原理又称教育学，即从生物学、心理学、社会学各方面的观点说明教育实施的一般原则，目的在予学者对于教育以鸟瞰的观念，范围常因著作者底见解而有出入，大概关于教育目的、方法、资质、课程、训育、养护、教育效果等均有相当的论述。

3. **教育心理学** 教育心理学专论教育上应用心理学的原则与方法，而偏重学习方面。其范围至不确定：有将普通心理学之后附以教学应用即名为教育心理学者，有专论人之禀质、学习心理及个性差异者，有将团体活动加入者。不过目的都在使教育者了解学生学习底本质，而增加教育上之效率；因此，我主张将儿童心理、学习心理、个性差异、社会心理、变态心理各部分之有关教育应用者总括为教育心理学以应中国社会需要者。

4. **教育行政** 教育为一种实际的事务，管理与组织的方法均须研究以增进效率。研究教育上一般组织与管理者为教育行政，研究学校之组织与管理者为学校行政。教育行政底范围很广，因其偏重于政治方法，故国家教育政策、实施计划、调查统计、指导考成等均当研究，学校行政则只以学校教育为限，故校务管理、课程组织、职权分配、学校设备等等均当研究。因为教育行政与学校行政最重的目的在增进服务效率，所以统计学调查法为此科必要的基本方法。中国自改新教育以后即不重专业训练，教师固无一定限制，学校与教育行政人员尤多滥竽，此则研究教育者所当特别留意。

5. **教学法** 教学法系专门研究教学原理与技术者，其定义第七章曾经说过。专论教学原则者为教学法原理，其内容大半为关于学习心理与教材选择及组织问题的理论；专论一般教学技术者为普通教学法，分论各科教学技术者为各科教学法。又因中小学教材之性质不同，学生之能力差异，教学技术不能完全相同，更有小学或中学普通教学法与各科教学法。

6. 教育统计及测验　教育统计及测验均为教育方法之一，因二者之关系甚切，故合为一项。教育统计是运用统计的方法处理教育问题。例如，某校有同年级的学生两班，要比较其总成绩，便不可不将两班各个学生底各科成绩总加起来，用人数除之，看所得商数孰大，即可知两班成绩的优劣；其他如考试成绩的计算，教材标准的支配，均不可不利用统计方法。教育统计最大的功用，在能发见数量的差别以为改进的根据。普通的应用教育统计，其内容大概只包含：（1）位置数，（2）差异数，（3）关系数三种方法，间有将图表报告法列于其内者，其目的在节省阅者精力。

测验是用一定的材料制成问题——文字或非文字——人答复以验其能力，其目的在求得度量精神特质的单位，普通分为两种：一种是智力测验或称心理测验，即测量先天的遗传特质；不过因为人类生来就受环境的影响，要直接测验先天的能力，事实上几于不可能，一般教育者编造智力测验标准，不过择几种受环境影响较少的能力为根据而已。一种是教育测验，即测验后天所受的教育——现在大概专指学校教育——效果；不过各校教育实施之情形至不齐一，中国现在课程标准尚不能统一，测验标准很难有定，所以结果也难得正确；不过教育测验可以发见学校底缺点，与学生底努力情形，使教育者自己评衡，力求改进，故其效用很大，各校采用者很多。近来 TBCF 的测验方法通行国内，中小学校成绩考查与入学考试等略有客观的标准，不似从前之以教师主观的意见判学生能力底高下，而发生种种不幸的遗误。测验所得的结果，必得用统计方法表示出来，效用始显，故统计与测验的关系最切。

7. **教育问题** 教育既一面为实际事业，所以问题也随时随地而有。问题有普遍者有特殊者，但既有问题，势不能不求解决，于是教育问题之研究在教育科学中成为独立之一支。教育问题常以教育事业而分类，如中学教育问题、小学教育问题、中学或小学教学问题等等。研究问题之方法第一步求问题的事实，第二步统计结果，第三步设法解决；三步中以第一步最重要，倘所据的材料不正确，其他均等白费，所以研究教育问题的教育调查在美国成一门专门科学。

Ⅲ．实际的教育

七十六　普通教育

教育事业因经营者之对象不同，可分为普通教育与特殊教育两项：普通教育在学制上为正系统，而且以国家经营为本位；特殊教育在学制上为旁系统，国家虽当尽力经营，但不以国家经营为原则，常由私人或私法人主持。属于第一项者有初等教育、中等教育、高等教育，属于第二项者有家庭教育、社会教育、平民教育、补习教育、职业教育、特种教育。

1. **初等教育**　初等教育各国多定为义务教育，由国家对于六七岁至十二三岁之儿童施以国家根本教育，以授以人生必具之知识养成良好国民为目的。中国现在暂以四年为义务教育年限，在法制上以国家经营为本位，不过实际上教会及外国人——如南满之日本教育事业——办理之小学不少，义务教育亦为其代营；不独于国权有损，且足以破坏国民底统一意识，在中国教育上为一重大问题，我们不可不注意！照新学制规定：初等教育时期共六年，年龄自六岁至十二岁，分为两期，前期四年，后期二年。六岁以下之儿童入幼稚园，亦属初等教育，不过课程上无正式的规定而已。

2. 中等教育 中等教育以实施较高之国民教育养成社会中坚人物为目的，照新学制规定年龄自十二至十八，并分高、初两级：初级中学以施行普通教育为原则，职业训练为例外，高中则以职业训练为原则，普通教育为例外。与中学教育并立者为师范教育，不过中学仍可设师范科，故中等教育以中学教育为本位，英美各国虽早有人倡中学教育普及（Secondary education for all）之说，但实际上还不能普及；至于中国则相去甚远。所以中等教育究竟的目的，只是一种较高的国家根本教育——国民教育——不过目前因为国民受中等教育之人数甚少，有机会受此种教育的人都是经过选择而来，大概为优秀分子，享受教育的权利较多，对于国家的责任亦较大；他们在社会上一面负领导一般群众的责任，一面又须受专家的指导，实是承上接下的居间，地位极其重要，所以在现在情形之下，应以养成社会中坚人物为暂时的目的。不过目前的中等教育，因一面受从前士人不治生产的影响，一面无良好的训练，中等学生在社会各正当职业中能占一席地者尚少，更说不到中坚人物，实一最可注意的问题。

3. 高等教育 高等教育以实施专门训练，研究高深学术，养成硕学闳材，担当国家大事为目的。照新学制所定，学生年龄为十八至二十六，高等教育在任何国家都只有少数人享受的权利，入大学者既经几次选择，更为国家中等优秀分子，能力既优于一般人民，责任更重于一般人民，故对于国家兴亡大事更应特别负责，无论在学术与行动上都当以养成特殊的领袖人才为目的，因高等教育重在专门训练，所以分科甚详，有医、法、文理、师范等单科或多科的大学。不过中国近来私立大学滥设，有名无实的很多，而最初改设学校即带科举性质，三十年来高等教育的历史即缺乏为学术研究学术的精神，加以政治上、社会上各种恶影响相逼而至，高等教育之目的实不曾达到许多，对于学术事业均少贡献，值得教育者努力！

七十七　特殊教育

1. **家庭教育**　人类生来即须受父母之辅育始能生存，父母对于子女亦无不尽力指导，此种家人父子间的教育活动为家庭教育。家庭教育虽是人类生活中一种最普遍的事实，但教育之实施只是适应需要的行动，除却极少数专门研究儿童教育之父母外，余皆无系统的计划与组织。儿童生活于家庭之中，无形受家庭环境的陶冶，对于将来生活的影响很大：因为习惯的构成，常以最初的印象为决定的因素，家庭教育良好儿童亦随着有良好的习惯，而终身受用不尽，反之则终身受害。故家庭教育实为一切教育底基础。欲家庭教育进步，首在提高国民教育。倘举国人民均受适当的教育，其子女自然无形为其所化。中国现在几无家庭教育可言，要改革应从义务教育入手。

2. **社会教育** 利用公共机关对于一般人民施以教育陶冶者为社会教育，其目的在促进人民常识，训练公共秩序。社会教育系辅助学校教育的重要组织，以公家经营为本位，实施此种教育之机关有公共图书馆、通俗教育馆、露天学校等。图书馆专备公众阅览的书籍；教育馆底范围很广；凡有助于通俗教育的事项如阅报室、电影场、博物历史陈列所、体育场、讲演所均可分门办理；露天学校以救济失学儿童为目的，学校不设在户内而在户外讲授，所以名露天学校，其程度只以义务教育为限，此种学校大概由公共教育机关或学校办理。社会教育之实施在平时以促进常识、训练秩序为目的，但遇有特殊事项并可以之宣传国家政策鼓励民众。例如，国家因某种外交问题，不得不与某国绝交，即可利用电影、讲演、图书宣传外交上经过之实况，以引起国民底同情为政府后援。中国现在学校教育尚且难于维持，各地社会教育之有成绩者更少有所闻。

3. **平民教育** 平民教育为中国教育上之特殊事业。中国义务教育不普及，全国国民不识字者约占百分之五十，基督教青年会首先注意于此，在长沙、烟台等处试办很有成效，一九二三年中英教育改进社开会于北京清华学校，由社员组织中华平民教育促进会，其目的在增加人民识字者之数量，方法则选日常应用之文字千二百上下编成课本四册，集十四岁以上之男女于各校附设或独设之平民学校，于四个月内教毕，现在推及全国，数年来平民学校毕业之学生已达二百万，此种教育虽系暂时的，但对于中国现在的文化却有很多益处。

4. 补习教育　补习教育为各文明国家所通有，即对于已受相当教育因急于谋生而不能再入学校受正式教育的国民施以较深的教育，其目的在增高已就业与给予未就业者之生活技能与知识。属于成人者为成人补习教育，属于儿童者为儿童补习教育。新学制初等教育现虽有补习教育之规定，但实际上各地实施者甚少。

5. 职业教育　职业教育在中国亦为一种独立事业，并在学制系统中占一席地位。中国有“中华职业教育社”，成立于一九一七年，主持者对于职业教育所下的定义为：“凡用教育方法，使人人获得生活上之供给及乐趣，一面尽其在于人群之义务，此种教育为职业教育。”照此定义，一切教育均为职业教育；因为世界上任何国家任何教育学者决无以教育不使人获得生活上之供给及乐趣与对于人群尽应的义务者，即世界上决无不愿生活的非职业教育，职业教育根本上不能自成一种独立的事业。现在所谓职业教育其设施之内容偏重于生活技能之训练，实际上为一种职工教育。此种教育在现在的中国亦有相当的价值而当推行，不过不可以词害意，误将一切教育划入现在所谓职业教育范围之内。

6. 特种教育　特种教育系为特种人民而设，如盲哑学校、残废学校及低能儿学校之类。这种生而盲哑、残废、低能或后天因故受损害之人，其境遇至苦，但为国民之一份子，则一国家对于此种国民应当用特殊的方法教育之，使其能自食其力。中国现在虽亦有此类学校，不过大半为外人所经营耳！

Ⅳ.撮要

1. 教育一方面为理论的知识，另一方面为实际的事业，属于学理方面的有教育哲学与教育科学，属于事业方面的有普通教育与特殊教育。

2. 教育哲学为研究人类教育之价值与意义的学问，目的在发见基本原理，指导实际活动。

3. 教育科学是用科学的方法对于教育问题为系统的、研究的学问，目的在分析问题增加效率。属于教育科学范围内者有教育史、教育心理学、教育行政、教学法、教育统计及测验、教育问题等。

4. 普通教育为国家对于一般国民用全力经营之学校的系统教育，可分初等、中等、高等三项。

5. 特殊教育为对于某一部分人民所施之特别教育，可分为家庭、社会、平民、补习、职业、特种六项。

V．名词释义

位置数　用一个数表示全体情形大概者为位置数（Point measures），有众数、平均数、中数、下二十五分点、上二十五分点诸数。

差异数　表示同性质两种事物差异底距离者为差异数（Variability measures），有全距离、二十五分差、平均差、均方差诸项。

关系数　表示同性质两种事物的互相关系的数量为关系数（Coefficient of correlation），有正相关、负相关、不相关三种。

TBCF　T为Tatal ability之缩写，即表示个人对于某种特性的能力；B是Brightness的缩写，代表个人年龄的分数；C为Classification的缩写，表示年级的地位；F为Effort的缩写，代表努力分数。此方法为美国哥伦比亚大学教育院心理学教授麦柯（Mccall）于一九二二年在中国编造试用的，现在通行于教育测验及各校试验。

Ⅵ. 问题

1. 教育何以一方面是理论的学问，另一方面是实际的事业？

2. 什么是教育哲学？教育哲学对于教育的功用如何？

3. 教育科学底方法如何？比较法与试验法的区别如何？

4. 教育心理学底效用如何？与教学法之关系如何？

5. 中等教育与初等教育、高等教育的区别如何？应当普及吗？用什么方法普及？

6. 试调查一通俗教育馆详记其事业，批评其优劣，并为之拟一改进的具体计划。

7. 教育统计法之效用如何？试就一班学生的国文成绩而计算其平均数。

8. TBCF 的效用如何？优点何在？

Ⅶ.参考书

1. 孟宪承译：《教育哲学大意》第十二章（商务印书馆）

2. 郑宗海译：《教育之科学的研究》第二十二章（同上）

3. 舒新城：《现代心理学之趋势》50，51，52，67 各节（中华书局）

4. 舒新城：《实用教育心理》第一章（中华书局）

5. 廖世承，陈鹤琴：《测验概要》第四、第五编（商务印书馆）

第十章 研究教育的途径

Ⅰ.研究方法底分类

七十八 研究教育的范围

因为教育一方面为理论的学问，另一方面为实际的事业，所以研究的范围也可以分为理论的与实际的两种：前者在扩充知识，用演绎的原则厘订实施方针，后者在以经验证明原理，用归纳的方法，创造新原则。但教育科学完全植基于他种自然科学及社会科学之上，教育事业与其他事业息息相关，所以理论的研究要及其他基本科学，实际的研究应注教育以外之社会活动。为便利计，兹列表如下：

- 研究教育的途径
  - 理论的
    - 人生常识
    - 基本常识
      - 生物学
      - 心理学
      - 社会学
      - 论理学
      - 伦理学
      - 美学
    - 教育常识
      - 教育哲学
      - 教育科学
    - 专科研究
  - 实际的
    - 专业修养
    - 观察
    - 调查
    - 实验
    - 社会服务

Ⅱ 理论的研究

七十九 人生常识

人生常识是一切所当具的知识，最好以斯宾塞尔（Spencer）《何为最有价值之知识》所举的学问为标准，照他底意见，生理学为直接保存生命的知识，数学、物理、化学、生物学、社会学为间接保存生命的知识，我们要能自存于世界，此种知识非详加研究不可。倘若我们只以自存的活动为限，对于嗣子不加以相当的教养，则人类的种族将无由继续存在，所以他以为为养育子女计，应注意于儿童学、心理学、伦理学等。人类除自存、存种的两种责任而外，还当为社会的活动，使人群底组织日固，社会文化日进，所以关于公民知识的政治、社会、经济、历史等科并当注意。人类之所以异于其他动物，因其除物质生活外，还有优越的精神生活，精神生活最当调剂感情，善用休闲，使精神愉快，努力向上，所以关于休闲知识的美术、音乐、诗歌等科不可不有相当的修养。这些知识虽然因各人所受之教育的差异，不能有一致的程度，但任何人都不可不于这些知识有相当的修养，要以教育者自期，更不可不注意于此。因中小学课程大半注意于人生常识之培养，故不再分论。

八十　基本常识

教育在现在因为利用科学的方法为具体的系统研究使它成为独立的科学，但它底基础却完全建筑在其他科学之上，所以要研究教育，决不是只从教育作起即可达到目的，应先注意于基础科学的研究。这些基础科学具列上表，虽亦为人生常识之一部分，但教育者更当为进一步的系统研究。兹简单分述于下：

1. **生物学**　生物学（Biology）为研究动植物起源、生理、发展、分配之科学，普通分为植物、动物及人类三部分。因为教育以人为对象，人既由其动物进化而来，其生活又与其他动物及植物的关系很大；要明人之所以为人，固然要习生物学。要以其他动物底生活为人类生活的借镜与人类生活与动植物之关系，也不可不习生物学。换句话说：生物学能使教育者扩大人生底范围，增深教育的基础，即研究教育科学如教育心理、教育原理等亦多生物学上的实证。所以，教育者第一当注意生物学。

2. **心理学**　心理学为研究人类意识与行动的科学（此处专就人类心理学讲），注意于人类底思想与动作为综合及分析的实证研究以发见公共的原则。教育既以人为对象，对于人所特具之通性与个性与活动的原则均不可不明白。心理学能供给关于人类活动的许多实证的事实，教育者可据以实施教育的基础，所以心理学为教育者必当研究。心理学底范围很广，有研究人类精神与行动的普遍现象的普通心理学，研究人类集合心理作用的社会心理学，研究儿童心理活动的儿童心理学，研究动物心理作用的动物心理学，研究特殊人群心理活动的变态心理学，及研究心理学在各种事业上应用之应用心理学。教育者对于心理学之知识自然以愈广泛愈好，但以普通、儿童、社会、变态各门为最要。因教育原则当以普通心理学所示之事实为重要根据，而学校教育的对象以儿童为本位，学校为团体的事业，儿童在学校又大半为团体的活动，所以儿童心理学与社会心理学在教育上的应用很大；中国现在各种特种的教育不发达，低能、天才常混合于一校之中，非有特殊方法适应他们不可，所以变态心理学也为教师不可不知。故此四门为教师最不可缺的心理学的知识。

3. **社会学** 社会学为研究人类社会底本质，发展及其活动的定律之科学。教育为社会的事业，其职能一方面在承继社会已有的文化，一方面在改造现社会使之更进步以谋人群底进化，故为完成教育底职能，不可不习社会学。其次教育目的应以社会的要求为根据，教育设施应以适应社会为条件；故为厘订教育目的，增进教育效率计，不可不习社会学。第三，个人与社会的关系极密切，社会底活动固足以影响个人，个人底活动亦足影响社会，“蓬生麻中不扶自直”与“风俗之厚薄创自一二人之手”的两种成说，即示二者相互影响的力量，故为调剂个人与社会的活动使之互有利益，亦不可不习社会学。总之，教育根本上是一种社会的事业，应用社会学实证的事实与原则甚多，实为教育者应当重视的一种科学。

4. 论理学 论理学为研究思考法则的科学。教育者一面要启发学生底思想，使之遇事能利用推理，一面要指导学生推理的法则，使之善于应付事物；教育者自己的语言文字更不可不求合理以为学生底模范，所以为训练学生思考能力与自己应用计，均不可不研究论理学。从前的形式论理学，只专论思考底形式是否合理，而将构成思考之原素的经验置之不问，应用上难免流弊，自实用主义者倡实验论理学更及思考各方面的问题，论理学之效用更大。教育者对于二者均当有相当的知识，始能自由应用。

5. 伦理学 伦理学为研究道德法则的科学。无论何人，若要生存于社会之中，便不能不为社会底道德标准所支配，特殊的个人且能早见社会习尚的利弊而改革道德。教育为改进人生的一种活动，为使个人适应社会生活计，要告以行为上应守之标准，以期维持公共秩序，维持社会安宁。为改进社会习尚计，更当明白道德标准构成的由来及其变迁的原则。这些都要应用伦理学上实证的事实与原则，故研究教育者必不可不先研究伦理学。

6. 美学 美学是研究人类美感之法则的科学。人类底活动常可分析为理智、意志、感情三部分，理智上的真伪问题为伦理学所当讨究，意志上的善恶问题为伦理学所当讨究，感情上的美丑问题则为美学应负的责任。美与丑的标准虽然常以社会习尚而有差异，但好美恶丑的性向则为先天的通性。美的设施与欣赏能调剂苦寂的生活，且能鼓励精神使人向上。教育者为增进自己生活上的乐趣，固然当明美感的原则，为陶冶学生感情养成其卓越的人格亦不可不运用美的原则为美的设施。所以研究教育者应先知美学。

八十一　教育常识

教育常识分教育哲学与教育科学两项，其内容前章已经说过，凡为教师者对于教育哲学与教育科学之各科，均不可不有相当的研究，因为教育理论固然各科有相互的密切关系，实际应用上更非有贯通的知识不可。例如，作专科教师在教育事业中所担负的责任似乎很少，现在一般人也以为不明教育理论只要专科学识优长便可胜任，实则教师决不是专门的科学家，其职责在应用科学的知识与修养指导他人使之受益，则第一当明教育的对象，第二当知取材的范围，第三当知教与学的方法，第四当问课程中列有某科是什么用意，教授此科的目的何在，此科对于学生个人及国家社会的关系如何，第五当问学校事务何以要这些办理，个人行动要怎样才可以与学校行政有利无害，第六当问遇着实际问题要根据什么原则去解决，第七要问教育到底是为什么，自己何以要作教师，作教师最后的目的何在。要解决这些问题能不应用教育哲学与教育科学吗？若为学校行政或教育行政人员，需用教育理论的地方更多，所以要研究教育而想作一个良好的教育者，无论如何，对于教育常识都不可不有充分的预备。

八十二　专科研究

人生常识、基本常识与教育常识三项为一切教育者不可不具的知识，但因职务分配的差别更需用专科的知识。例如，中学校长固然要特别注意教育行政，但因其担负之职务为“中学校长”，中学有中学底特质，无论教育目的，教学方法均与小学及大学不同，而学生为青年期，学校事务之处理更将因而有许多特殊原则。如欲真正作一个良好中学校长，对于中等教育之各方面，如中等教育原理、中等教育史、中学行政、中学教学、中学训育、青年心理等等均不可不有精深的研究。又如师范学校的教学法，教师对于教学法原理、小学普通教学法、小学各科教学法、本国教学方法变迁史、现在世界教学法之趋势、教学法与教育思潮之关系等等均不可不有精深的研究。所谓精深的研究是一面为有系统的阅读文科著述，一面为整理的工作供献新知（如从中国近数十年之官私文牍著述中整理中国近代教育史之类），一面运用直接经验发见新原则。

Ⅲ. 实际的研究

八十三　专业修养

教育一方面为实际的事业，所以要成一个真正的教育者，只有理论上的研究绝对不够，一定要从实际事业上去研究。实际研究是属于“行”的问题，而行为常为意志所支配，所以专业的修养第一要立志，第二是励行。

立志在心理现象上只是一种决意的活动——即决定要作某事。不过引起决意的原因很复杂，如感情冲动、利害关系、环境压迫、友朋劝告、长辈命令、理智驱策等等均可以为决意的因素。倘若不经理智的分析而冒然因偶然的原因要作某事，往往不能持久；而且当感情生活最盛的青年期，更往往不知自己性向的所在，所以决定的志愿，常常中途发生变化。立志虽然是决意活动之一种，但须经过理智的分析，严密的考虑，既经决定，不轻易变更。如何方能不轻易变改？即决定时以个人底性向与彻底了解某事为最重要的条件。所以果要立志研究教育，第一须问个人底性质是否宜于教育——即愿不愿与能不能以教育为终身事业，第二须问个人对于人生的理想如何，自以为教育能否实现理想。所得的答案若都是肯定的，研究教育的志愿也就可以立定。至于个性的发见虽可以他人观察所得的批评为据，但最要的是个人底自省；对于教育的了解则惟有切实研究，有时在研究进程中可以感特殊兴趣而助你决定从事教育的终身志愿。

志愿既经立定，便当去实行，不然仍是一种空想。实行虽然很重要，有计划的实行尤其重要——有计划的实行我们称为励行。励行最要的条件是立定计划用坚毅的精神、经济的手段一步一步的进行。倘若你立志要改造某地方底教育便当立定系统的计划先从各方面——历史传衍、社会状况等等——研究某地方教育底病症何在，其次按照研究所得的结果制定改造的方案，第二照着方案用最适当的方法切实进行，第三遇着失败，即从失败中求革改的方法，决不畏缩。果能这样孜孜不已的干下去，自有结果。若只有从事教育的志愿而不实事求是地进行，或稍有困难即行放弃，则仍是一种空想，于事业毫无补益！

八十四　观察

立定志向要研究实际的教育，便当从实际的活动上着手。进行的方法可分观察、调查、实验三项。观察是察看他人的教育工作以为实施的鉴戒，可分为普通观察与特别观察两种。普通观察即无预定目的，遇事以教育的观点解释之，随时搜集材料以为研究的资材。社会各种事业虽然极其复杂，但从教育者眼光看来，都含有教育意味。例如，顽儿在街上打架，乞丐在路上讨钱，本是极平常的事实，但从研究社会教育的人看来，都有重大的意义，都是研究的资料，或竟因一时观察所及而发明最良的社会教育方法。这种日常事实，看来好像很琐碎，无关大体，实则一切科学、哲学、文艺、美术都是以这些琐碎为根据，不过各人底观点不同，取材有别，所得的结论遂生差异。我们要研究教育而有成，首先当注意此取之不尽用之不竭的日常事实。材料聚集多了，用科学的方法分类整理，便可发见新原则。特殊观察则预定一种特殊的目的用适当的方法去观察，以求得到预期的结果。中国师范学生将毕业时，于实习教授之前先有参观——旅行远地或在学校附近——其性质与特殊观察相同，不过就一般情形言，师范生底参观大半为虚应故事，实际上很少效益：其原因由于学生平日只为书本的研究，不曾参与实际活动，无实际的问题要求解决。特殊观察应当注意的：第一要有实际的问题求解决；第二要有特定的目的—— 如为研究教育行政专门视察各校的组织及事务处理的方法，为研究国文教学专门视察各校国文教学之类；第三要有预定的步骤；第四要明了视察所及之学校或教育机关底历史及现状之各方面；第五要具批评的眼光，评衡所得；第六要能取长弃短以为自己事业之助。

八十五　调查

调查是预拟若干问题，制成问题录，分寄于调查的目的地，请其作答或从各种出版物中发现问题以求得研究的资料为改进根据的方法；前者为直接调查法，后者为间接调查法。直接调查的要点：（1）立定目的研求各方面的情形发见问题，（2）问题录的文字宜简单明了，使答者易于答复及不发生误解，（3）用判断的精神审查答案之直接程度，（4）分类精密、统计正确，（5）根据事实推证结论，（6）应用结论于实际事业上。间接调查法之要点：（1）搜集材料不可限于一隅，应为多方面的，（2）判断各种记载之真伪程度，不为宣传所蔽——同一事实因出版物主持者之党派或其他关系，常发生相反的记载与论断——其余同直接调查法之四、五、六三项。

八十六　实验

实验是立一定的计划，用一定的方法以求达到一定的目的之方法，其性质与偶尔为之的试验法不同。教育者研究教育，正如游泳者之习游泳，理论的研究犹如读游泳学，观察与调查犹如参观体育家在游泳池泅水，如果自己要在水上浮起而且能游行自如，非得亲自下水为长期的练习不可。教育者要真正懂得教育底滋味，成为教育家，也非自己实验不可。实验有狭义广义之别：狭义的实验，是实现特殊理想的活动，组织须极精密，计划须极完备，如杜威底实验学校是。广义的实验是将一般理论见之于行为的活动，如师范学生于学过教学方法的理论之后宜习教学是。理论虽然是以具体的经验为根据，但集合多种经验构成一种新方案，实际上却未见得能施诸实施，例如，师范生当其研究教育理论时对于教育之各方面似乎都有把握，及至一旦任职甚至于实习教学时亦每每手足无措，其原因（1）理论的研究是宁静的，单一的，一切可由想象满足，实施则处于变动而复杂的环境之中，稍有不慎，便会发生柄凿的现象，（2）理论所根据的经验常受时地的限制，宜于彼者未见得能适用于此——如美国乡村教育的理论，决难适用于中国，以社会情形相去太远之故，（3）习惯未经养成，控制环境的能力不足，控制环境的能力要由多方练习而养成，理论之适宜与否，亦待事实之证明，所以一般师范学校均有实习的课程。不过中国师范学校之实习人概专指教学，实则实际教育——最少是学校教育底各方面，都非实习不可。至于狭义的实验虽然较困难，但真正的教育者决不会没有他特别的理想，也决不会不想把他底理想设法实现出来；而且要使教育理想传播于世也非实验有成功不可。所以实验功夫为教育者必不可少之工作。

八十七　服务社会

研究实际的教育而说服务社会，或者以为离题太远，实则教育为社会的事业，一切活动都与社会各方面有关系。教育者之实施教育其唯一目的在改进社会，则对于社会情形不能不熟悉，要熟悉社会情形，便非与社会有接触不可。而且在责任上也应该导率社会力谋进步，所以教育者于身任之教育职务而外再去服务社会，直接为社会谋利益，间接即为教育植基础。不过社会服务四字是指为社会谋公益，为教育谋进步的事情，而且以不抛弃应负的固有职责为条件。若钻营奔竞于权贵之门或专门以在社会上活动为事以自固禄位或达其他目的，不是社会服务的本义。

Ⅳ．撮要

1. 因为教育一方面为理论的学问，另一方面为实际的事业，所以研究方法也分为理论与实际的两项。

2. 因为教育理论建筑在他种科学之上，故研究教育理论，第一要有充分的人生常识，即对于生理、历史、美术等应为相当的研究，第二要有与教育有关之丰富的基本常识，即对于生物、心理、社会、论理、伦理、美学诸科应为深切的研究。

3. 人生常识与基本常识预备充分之后，再专研究教育哲学与教育科学，以为处理教育事务之张本；但因职务上的差别，对于自己所任之专职有关之学问，如学校校长之于学校行政，数学教师之于数理教学法等，更当为整理与发明的精深研究。

4. 教育一面为实际的事业，要真正成为教育者，须在实际上做工夫，立志与励行为实际从事之先决条件。

5. 既经决定从事教育之后，即为实际的观察、调查、实验，以求得实际的资料为改进教育设施之张本，并以实验理想为传播的根据。

6. 教育与社会各方面的事业息息相关，教育者于教育事业本身的研究外，并应注意服务社会。服务社会以谋教育进步与不抛弃固有职责为条件。

V. 名词释义

实用主义　英文为Pragmatism，为最近哲学中的一派，注重实际的效果，方法侧重于科学的实验法方面，此派在美国独盛，以詹姆士（William James）与杜威（John Dewey）为代表。

杜威底实验学校　杜威于一八九四年到芝加哥大学做哲学和教育科主任，创办实验学校，实验他实用主义的教育学说，起初只有初级小学，后来一直办到大学预科。

Ⅵ. 问题

1. 什么是人生常识？试读《斯宾塞尔〈教育论〉》第一章撮述其概要。

2. 研究教育者何以要深切研究与教育有关的基本科学？教育与那种科学的关系最密切？

3. 论理学与伦理学的区别如何？形式论理学与实验学的区别如何？

4. 试就小学国语教学问题为专科的研究，报告其结果。

5. 按照参观要点就附近各小学分期参观其行政组织、教学方法，并将结果作一系统的报告。

6. 创办平民学校为之主持一切，或在已有之平民学校或校工学校中实施教育，并将所感之困难与平日的理想对照，再定改进方案，从事实验，以期达到预期的目的。

7. 研究教育者何以要服务社会？服务社会底要义如何？

Ⅶ. 参考书

1. 任鸿隽译：《斯宾塞尔〈教育论〉》第一章（商务印书馆）

2. 郑宗海译：《教育之科学的研究》第二十二章

3. 孟宪承译：《教育哲学大意》第十二章（商务印书馆）

4. 舒新城：《心理原理实用教育学》第一编（商务印书馆）

5. Horne：*Philosophy of Education*，Chapter Ⅰ

6. Mac Vannel：*Outline of a Course in Philosophy of Education*，Chapter Ⅰ, Ⅱ, Ⅲ